Einstern

Mathematik für Grundschulkinder

2

Themenheft 2

⭐ Addition und Subtraktion
von Einern

⭐ Sachaufgaben Teil 2

⭐ Kalender

Erarbeitet von Roland Bauer und Jutta Maurach

In Zusammenarbeit mit der
Cornelsen Redaktion Grundschule

Cornelsen

Einstern 2

Mathematik für Grundschulkinder
Themenheft 2
Addition und Subtraktion von Einern
Sachaufgaben Teil 2
Kalender

Erarbeitet von:	Roland Bauer, Jutta Maurach
Fachliche Beratung:	Prof'in Dr. Silvia Wessolowski
Fachliche Beratung exekutive Funktionen:	Dr. Sabine Kubesch, INSTITUT BILDUNG plus, im Auftrag des ZNL TransferZentrum für Neurowissenschaften und Lernen, Ulm
Redaktion:	Uwe Kugenbuch, Peter Groß, Friederike Thomas
Illustration:	Yo Rühmer
Umschlaggestaltung:	Cornelia Gründer, agentur corngreen, Leipzig
Layout und technische Umsetzung:	lernsatz.de

fex steht für *Förderung exekutiver Funktionen*. Hierbei werden neueste Erkenntnisse der kognitiven Neurowissenschaft zum spielerischen Training exekutiver Funktionen für die Praxis nutzbar gemacht. **fex** wurde vom **ZNL TransferZentrum für Neurowissenschaften und Lernen** *(www.znl-ulm.de)* an der Universität Ulm gemeinsam mit der **Wehrfritz GmbH** *(www.wehrfritz.com)* ins Leben gerufen. Der Cornelsen Verlag hat in Kooperation mit dem ZNL ein Konzept für die Förderung exekutiver Funktionen im Unterrichtswerk *Einstern* entwickelt.

www.cornelsen.de

1. Auflage, 3. Druck 2019

Alle Drucke dieser Auflage sind inhaltlich unverändert
und können im Unterricht nebeneinander verwendet werden.

© 2015 Cornelsen Schulverlage GmbH, Berlin
© 2019 Cornelsen Verlag GmbH, Berlin

ISBN 978-3-06-083686-4
ISBN 978-3-06-081804-4 (E-Book)
ISBN 978-3-06-084229-2 (E-Book: alle Themenhefte Einstern 2)

 Inhalt gedruckt auf säurefreiem Papier aus nachhaltiger Forstwirtschaft.

Inhaltsverzeichnis

Ich bin
Einstern …

… und ich helfe dir:

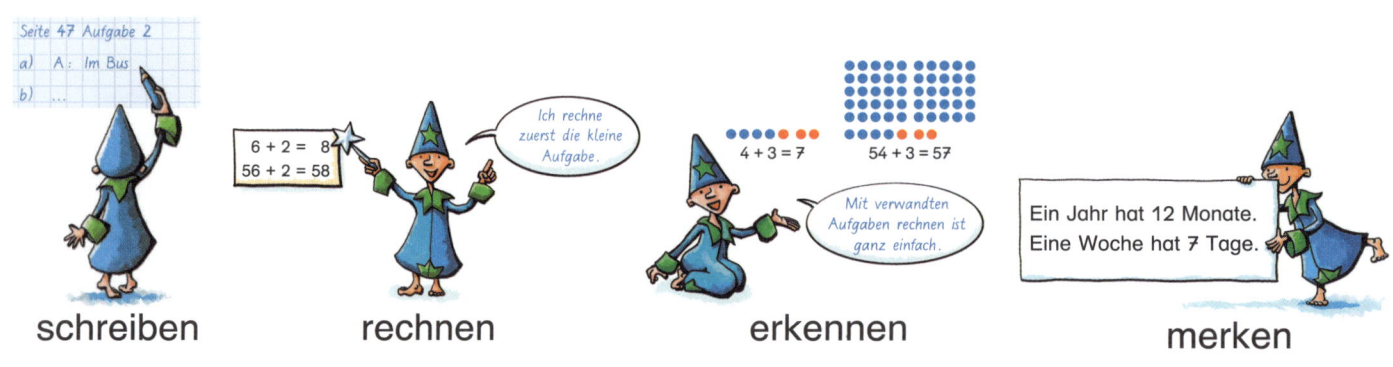

schreiben　　　rechnen　　　erkennen　　　merken

1 Übe mit einem anderen Kind zusammen die Plusaufgaben bis 10.

2 Löse und setze fort.

a) 5 + 5 = ▮
6 + 4 = ▮
7 + 3 = ▮

b) 3 + 3 = ▮
3 + 4 = ▮
3 + 5 = ▮

c) 1 + 5 = ▮
2 + 5 = ▮
3 + 5 = ▮

d) 4 + 6 = ▮
4 + 5 = ▮
4 + 4 = ▮

e) 5 + 2 = ▮
4 + 3 = ▮
3 + 4 = ▮

f) 2 + 0 = ▮
3 + 1 = ▮
4 + 2 = ▮

Seite 5 Aufgabe 2
a) 5 + 5 = 1 0   b)   …
    6 + 4 = …
        ⋮

3 Ergänze die passenden Zahlen und setze fort. Was fällt dir auf?

a) 2 + ▮ = 7
3 + ▮ = 7
4 + ▮ = 7

b) ▮ + 4 = 9
▮ + 5 = 9
▮ + 6 = 9

Seite 5 Aufgabe 3
a) 2 + 5 = 7   b)   …
    3 + … = 7
        ⋮

* wenden die Zahlensätze des Einspluseins bis 10 automatisiert an und kontrollieren sich gegenseitig
* verwenden mathematische Fachbegriffe und Zeichen richtig
* erkennen die Struktur des gleichsinnigen und gegensinnigen Veränderns und wenden diese an

32 + 7

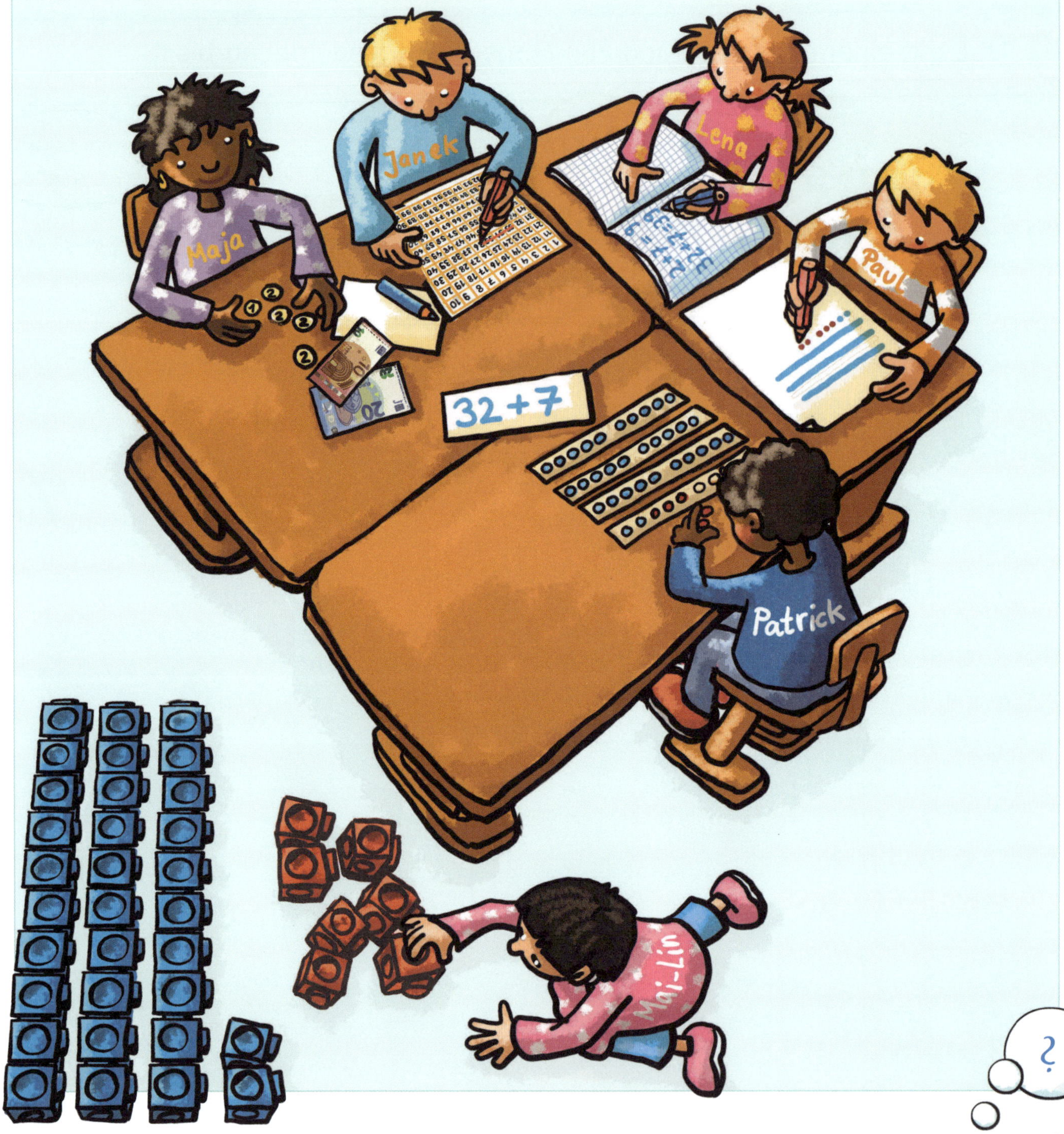

1. Löse die Aufgabe 32 + 7.
Probiere mindestens drei verschiedene Hilfsmittel aus,
die du bei den Kindern siehst.

2. Entscheide, mit welchen Hilfsmitteln
du die Aufgabe am besten lösen kannst.
Vergleiche mit anderen Kindern.

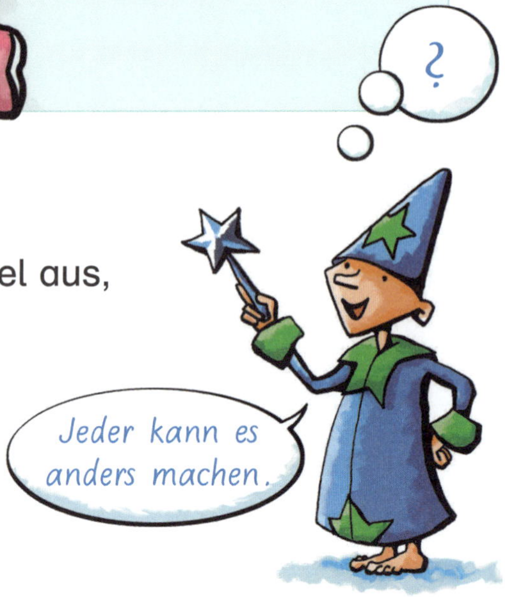

Jeder kann es anders machen.

  ∗ führen Zahldarstellungen ineinander über
∗ entwickeln und nutzen ihre Rechenwege mit geeigneten Darstellungsformen und stellen diese anderen vor

 1 Suche dir ein anderes Kind. Legt die Aufgaben mit Steckwürfeln oder Zehnerstreifen und Wendeplättchen.

24 + 2	81 + 8
65 + 4	54 + 4
42 + 5	73 + 5

24 + 2 = 26

2 Schreibe zu jedem Bild die Plusaufgabe.

a)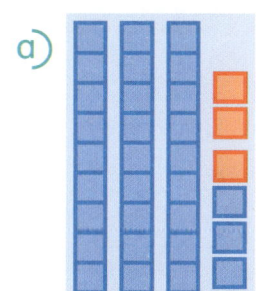

b)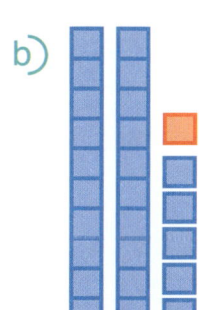

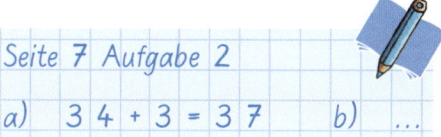
Seite 7 Aufgabe 2
a) 3 4 + 3 = 3 7   b) ...

c)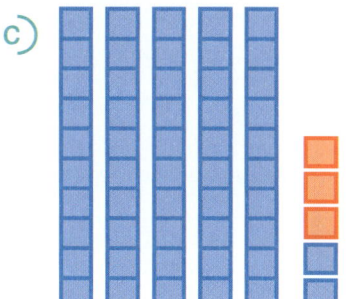

d)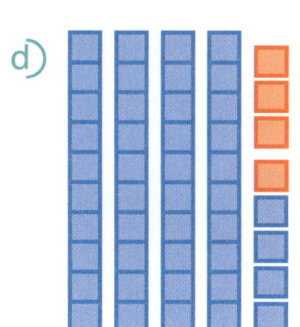

3 Schreibe zu jedem Punktebild die Plusaufgabe.

a)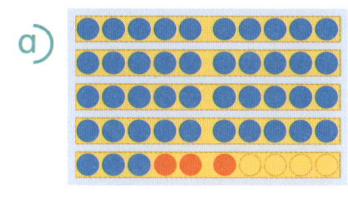

b)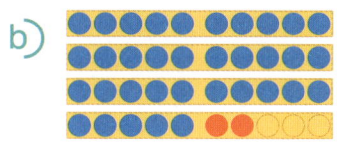

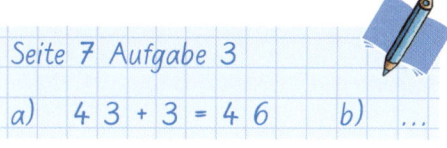
Seite 7 Aufgabe 3
a) 4 3 + 3 = 4 6   b) ...

c)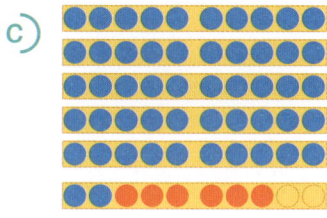

d)

★ führen Zahldarstellungen ineinander über
★ wechseln zwischen verschiedenen Darstellungsformen
★ übertragen ihre bisherigen Kenntnisse und Vorgehensweisen auf den erweiterten Zahlenraum

1 Suche dir ein anderes Kind. Legt die Aufgaben mit Steckwürfeln oder Zehnerstreifen und Wendeplättchen. Zeichnet Rechenbilder.

32 + 3	62 + 5
24 + 4	51 + 7
35 + 3	82 + 6

32 + 3 = 35

2 Schreibe zu jedem Rechenbild die Plusaufgabe.

a) b)

Seite 8 Aufgabe 2
a) 4 3 + 3 = 4 6   b) ...

c) d) e) f) g) h)

3 Zeichne Rechenbilder und löse die Aufgaben.
Beachte dabei die Lücke nach 5 Zehnern oder Einern.

a) 31 + 4 = ▢   b) 43 + 5 = ▢

c) 24 + 3 = ▢   d) 62 + 6 = ▢

e) 71 + 5 = ▢   f) 55 + 3 = ▢

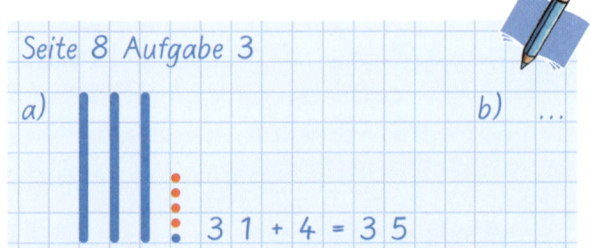

Seite 8 Aufgabe 3
a)   b) ...
3 1 + 4 = 3 5

| 25 51 86 | 34 92 45 61 | 17 23 71 83 54 |

* führen Zahldarstellungen ineinander über
* wechseln zwischen verschiedenen Darstellungsformen
* übertragen ihre bisherigen Kenntnisse und Vorgehensweisen auf den erweiterten Zahlenraum

4 + 3 = 7

14 + 3 = 17

24 + 3 = 27

34 + 3 = 37

44 + 3 = 47

54 + 3 = 57

Mit verwandten Aufgaben rechnen ist ganz einfach.

1 Schreibe zu den Punktebildern passende verwandte Aufgabenpaare (kleine Aufgabe, große Aufgabe).

a)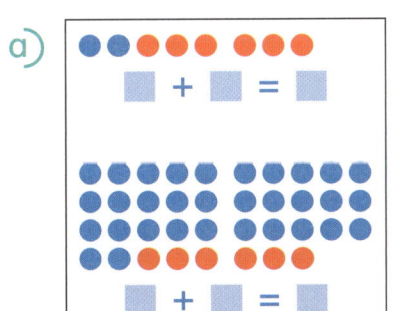

b)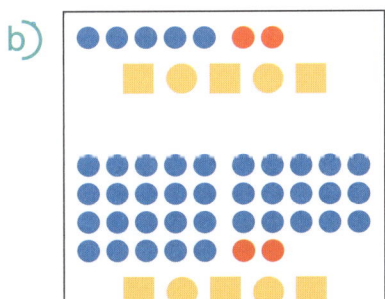

Seite 9 Aufgabe 1

a) 2 + 6 = 8   b) ...

    3 2 + 6 = 3 8

c)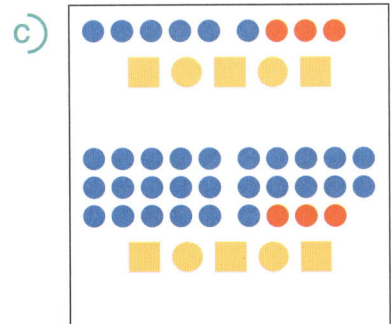

d)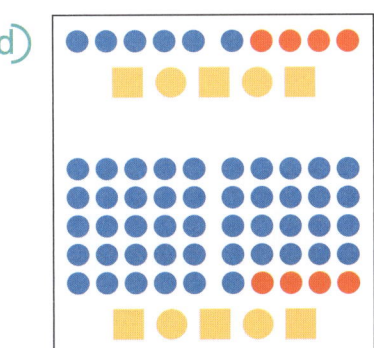

e)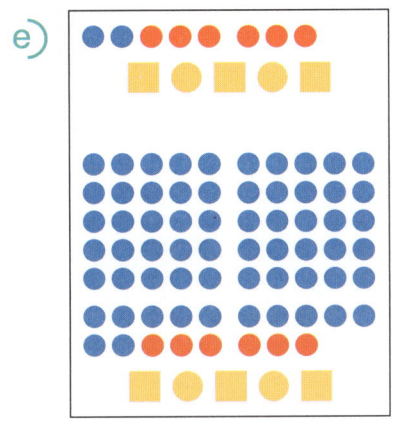

f)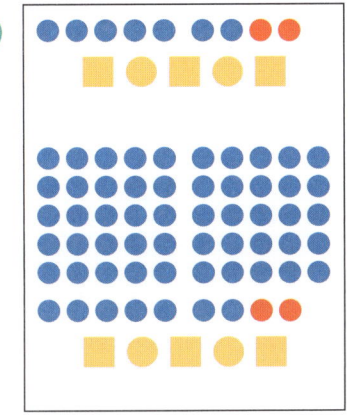

★ führen Zahldarstellungen ineinander über
★ übertragen ihre bisher bekannten Vorgehensweisen auf analoge Plusaufgaben
★ erkennen Analogien und nutzen sie als Rechenstrategie

Verwandte Plusaufgaben lösen

1 Löse verwandte Aufgabenpaare. Finde selbst weitere.

a) $5 + 4 = \square$
$45 + 4 = \square$

b) $7 + 1 = \square$
$87 + 1 = \square$

c) $6 + 4 = \square$
$76 + 4 = \square$

d) $1 + 6 = \square$
$51 + 6 = \square$

e) $\square + \square = \square$
$\square + \square = \square$

f) $\square + \square = \square$
$\square + \square = \square$

Seite 10 Aufgabe 1

a) $5 + 4 = 9$ b) ...
$45 + 4 = 49$

2 Rechne verwandte Aufgaben. Finde selbst weitere.

a) $4 + 2 = \square$
$14 + 2 = \square$
$34 + 2 = \square$
$64 + 2 = \square$

b) $1 + 7 = \square$
$21 + 7 = \square$
$51 + 7 = \square$
$91 + 7 = \square$

c) $\square + \square = \square$
$\square + \square = \square$
$\square + \square = \square$
$\square + \square = \square$

Seite 10 Aufgabe 2

a) $4 + 2 = 6$ b) ...

3 Finde zu jeder kleinen Aufgabe zwei verwandte Aufgaben.

a) $3 + 6 = 9$
$\square + \square = \square$
$\square + \square = \square$

b) $2 + 4 = 6$
$\square + \square = \square$
$\square + \square = \square$

c) $1 + 5 = 6$
$\square + \square = \square$
$\square + \square = \square$

$43 + 6 = 49$
$63 + 6 = 69$
oder ...

Seite 10 Aufgabe 3

a) $3 + 6 = 9$ b) ...
$43 + 6 = 49$
$63 + 6 = 69$

d) $5 + 4 = 9$
$\square + \square = \square$
$\square + \square = \square$

e) $4 + 3 = 7$
$\square + \square = \square$
$\square + \square = \square$

f) $3 + 5 = 8$
$\square + \square = \square$
$\square + \square = \square$

4 Erstelle verwandte Zahlenhäuser.

a)

b)

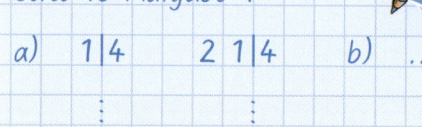

Seite 10 Aufgabe 4

a) 1|4   2 1|4   b) ...

★ übertragen ihre Fertigkeiten im schnellen Kopfrechnen auf analoge Aufgaben im erweiterten Zahlenraum
★ erkennen Strukturen von Aufgabenreihen und setzen diese fort

→ AH Seite 14
→ Ü Seite 13

Die kleine Aufgabe bei Plusaufgaben als Rechenhilfe nutzen

1 Suche und berechne zuerst die kleine Aufgabe.
Schreibe beide Aufgaben auf.

a) 56 + 2 = ▧

b) 73 + 3 = ▧

c) 92 + 5 = ▧

d) 54 + 3 = ▧

e) 41 + 6 = ▧

f) 56 + 4 = ▧

g) 62 + 6 = ▧

h) 83 + 4 = ▧

i) 75 + 5 = ▧

k) 34 + 2 = ▧

Seite 11 Aufgabe 1

a)　6 + 2 = 8　　b) ...
　5 6 + 2 = 5 8

2 Berechne zuerst die kleine Aufgabe im Kopf.
Löse dann die Aufgabe.

a) 85 + 2 = ▧
64 + 3 = ▧
57 + 2 = ▧
42 + 6 = ▧

b) 32 + 7 = ▧
93 + 4 = ▧
74 + 5 = ▧
52 + 4 = ▧

c) 82 + 8 = ▧
23 + 7 = ▧
41 + 8 = ▧
64 + 4 = ▧

d) 33 + 6 = ▧
55 + 3 = ▧
34 + 6 = ▧
72 + 7 = ▧

Seite 11 Aufgabe 2

a)　8 5 + 2 = 8 7　　b) ...
　6 4 + 3 = ...

4 + 3 = 7

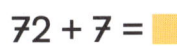
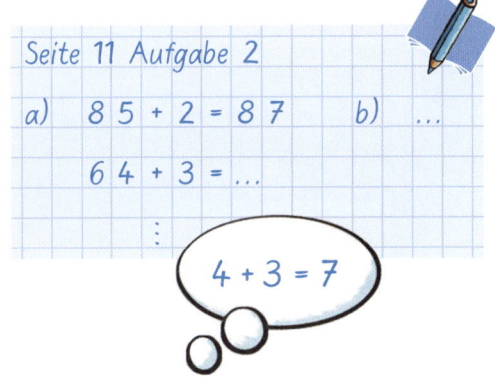

34　95　58　　　27　42　75　83　　　56　63　19　92　37

→ AH Seite 15
→ Ü Seite 14

* vollziehen die Analogien nach und übertragen sie bei
der Lösung von Aufgaben im erweiterten Zahlenraum
* übertragen ihre Kenntnisse des Einspluseins bis 10 auf analoge Aufgaben im erweiterten Zahlenraum

Plusaufgaben üben

1 Schreibe zu jeder Blume fünf Plusaufgaben auf und löse sie.

a)

b)

Seite 12 Aufgabe 1

a)   4 3 + 3 = 4 6   b)   ...

      4 3 + 2 = ...

          ⋮

c)

d)

2 Setze die Aufgabenreihen fort.

a) 71 + 8 = ☐
    71 + 7 = ☐
    71 + 6 = ☐
    ☐ + ☐ = ☐
    ☐ + ☐ = ☐
    ☐ + ☐ = ☐

b) 62 + 2 = ☐
    62 + 3 = ☐
    62 + 4 = ☐
    ☐ + ☐ = ☐
    ☐ + ☐ = ☐
    ☐ + ☐ = ☐

Seite 12 Aufgabe 2

a)   7 1 + 8 = 7 9   b)   ...

      7 1 + 7 = ...

          ⋮

c) 67 + 2 = ☐
    66 + 3 = ☐
    65 + 4 = ☐
    ☐ + ☐ = ☐
    ☐ + ☐ = ☐
    ☐ + ☐ = ☐

d) 51 + 7 = ☐
    52 + 6 = ☐
    53 + 5 = ☐
    ☐ + ☐ = ☐
    ☐ + ☐ = ☐
    ☐ + ☐ = ☐

3 Betrachte gemeinsam mit einem anderen Kind, wie sich
in Aufgabe **2** in den einzelnen Reihen die Ergebnisse verändern.
Überlegt, warum das so ist.

✷ erkennen verschiedene Strukturen von Aufgabenreihen und setzen diese fort
✷ übertragen ihre Kenntnisse von Nachbaraufgaben und
   gegensinnigem Verändern auf den erweiterten Zahlenraum

1 Übe mit einem anderen Kind zusammen die Minusaufgaben bis 10.

2 Löse und setze fort.

a) 6 − 1 = ▪
7 − 2 = ▪
8 − 3 = ▪
▪ ● ▪ = ▪
▪ ● ▪ = ▪

b) 10 − 6 = ▪
10 − 5 = ▪
10 − 4 = ▪
▪ ● ▪ = ▪
▪ ● ▪ = ▪

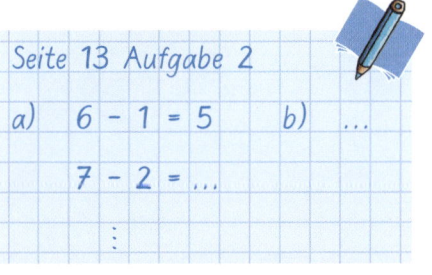

Seite 13 Aufgabe 2
a) 6 − 1 = 5   b) ...
    7 − 2 = ...
        ⋮

c) 9 − 5 = ▪
8 − 5 = ▪
7 − 5 = ▪
▪ ● ▪ = ▪
▪ ● ▪ = ▪

d) 9 − 8 = ▪
9 − 7 = ▪
9 − 6 = ▪
▪ ● ▪ = ▪
▪ ● ▪ = ▪

e) 5 − 5 = ▪
4 − 4 = ▪
3 − 3 = ▪
▪ ● ▪ = ▪
▪ ● ▪ = ▪

f) 8 − 0 = ▪
8 − 2 = ▪
8 − 4 = ▪
▪ ● ▪ = ▪
▪ ● ▪ = ▪

3 Ergänze die passenden Zahlen und setze fort. Was fällt dir auf?

a) 7 − ▪ = 5
7 − ▪ = 4
7 − ▪ = 3
▪ ● ▪ = ▪
▪ ● ▪ = ▪

b) 5 − ▪ = 3
6 − ▪ = 3
7 − ▪ = 3
▪ ● ▪ = ▪
▪ ● ▪ = ▪

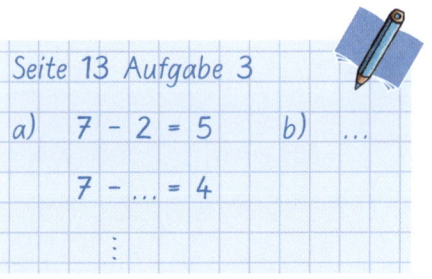

Seite 13 Aufgabe 3
a) 7 − 2 = 5   b) ...
    7 − ... = 4
        ⋮

★ wenden Subtraktionsaufgaben im Zahlenraum bis 10 automatisiert an und kontrollieren gegenseitig die Ergebnisse
★ verwenden mathematische Fachbegriffe und Zeichen richtig
★ erkennen die Struktur des gleichsinnigen Veränderns und wenden diese als Rechenstrategie an

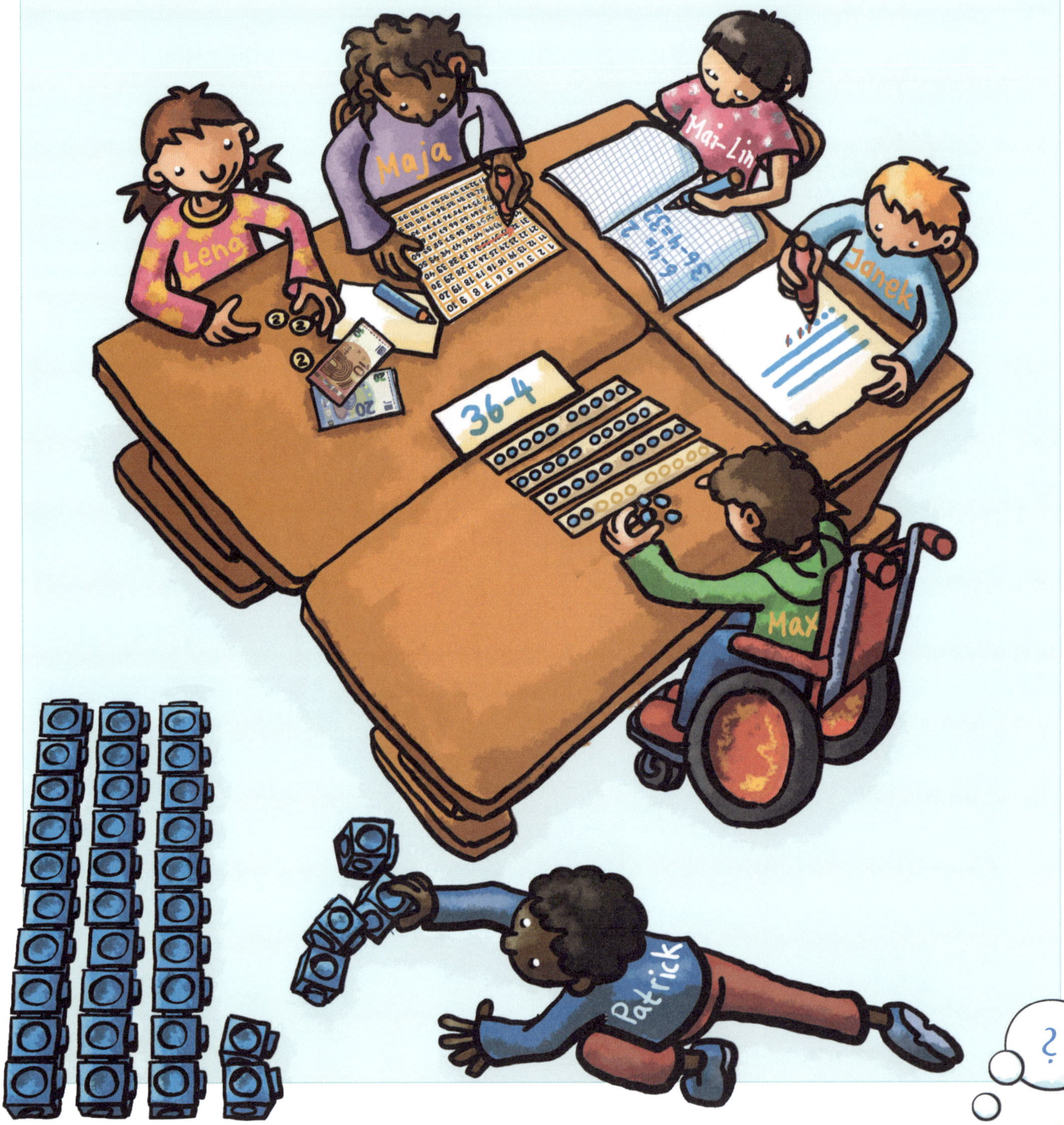

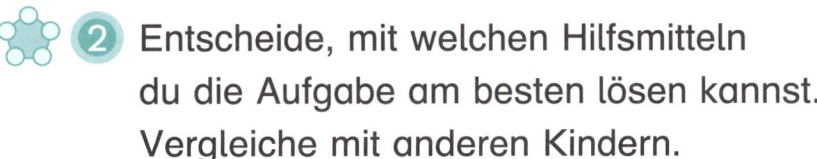

1 Löse die Aufgabe 36 − 4.
Probiere mindestens drei verschiedene Hilfsmittel aus,
die du bei den Kindern siehst.

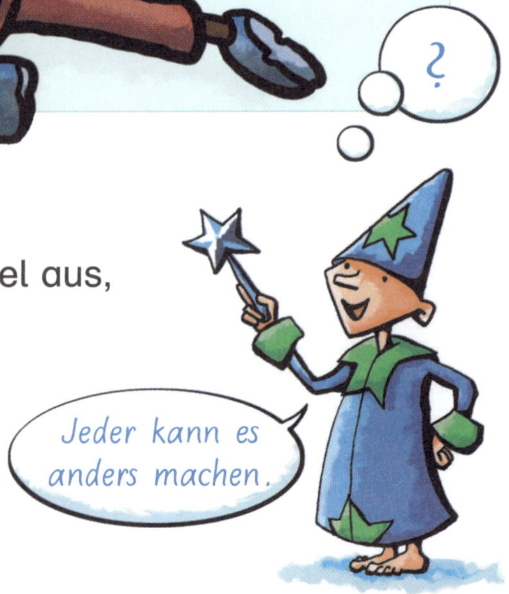

2 Entscheide, mit welchen Hilfsmitteln
du die Aufgabe am besten lösen kannst.
Vergleiche mit anderen Kindern.

Jeder kann es anders machen.

* führen Zahldarstellungen ineinander über
* entwickeln und nutzen ihre Rechenwege mit geeigneten Darstellungsformen und stellen diese anderen vor

1 Suche dir ein anderes Kind. Legt die Aufgaben mit Steckwürfeln oder Zehnerstreifen und Wendeplättchen.

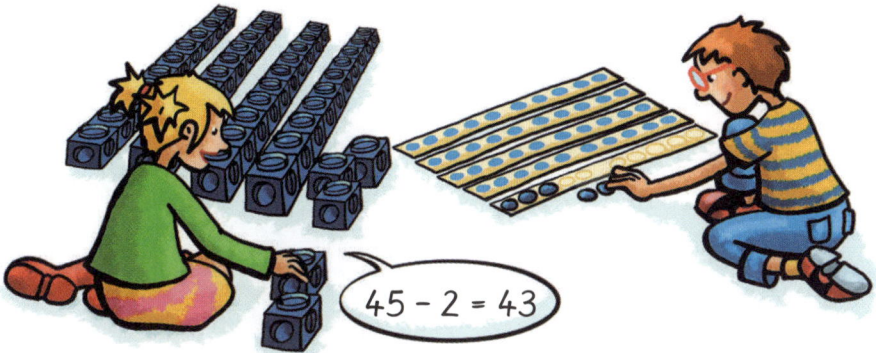

45 – 2	59 – 6
96 – 4	28 – 5
75 – 4	47 – 2

45 – 2 = 43

2 Schreibe zu jedem Bild die Minusaufgabe.

a)
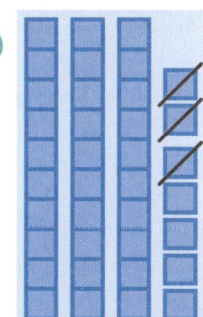

b)
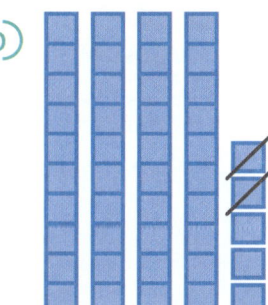

Seite 15 Aufgabe 2
a) 3 7 – 3 = 3 4   b) ...

c)
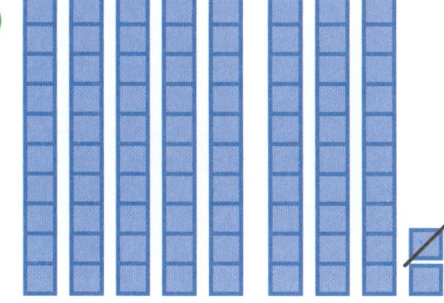

d)
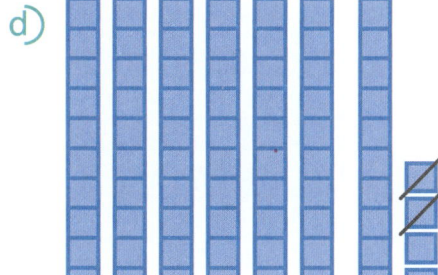

3 Schreibe zu jedem Punktebild die Minusaufgabe.

a)
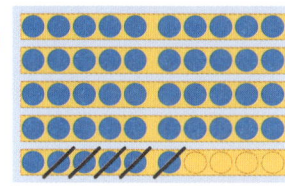

b)
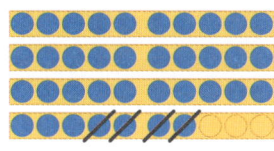

Seite 15 Aufgabe 3
a) 4 6 – 5 = 4 1   b) ...

c)

d)

★ führen Zahldarstellungen ineinander über
★ wechseln zwischen verschiedenen Darstellungsformen
★ übertragen ihre bisherigen Kenntnisse und Vorgehensweisen auf den erweiterten Zahlenraum

15

1 Suche dir ein anderes Kind. Legt die Aufgaben mit Steckwürfeln oder Zehnerstreifen und Wendeplättchen. Zeichnet Rechenbilder.

28 − 5	79 − 6
87 − 4	49 − 8
68 − 2	56 − 5

28 − 5 = 23

2 Schreibe zu jedem Rechenbild die Minusaufgabe.

a)

b)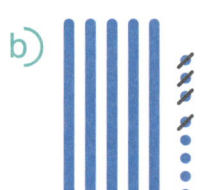

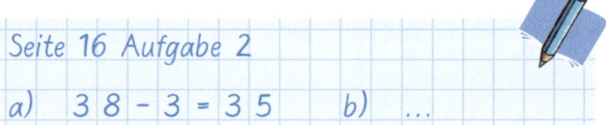

Seite 16 Aufgabe 2

a) 3 8 − 3 = 3 5   b) ...

c)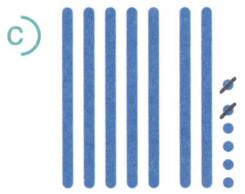

d)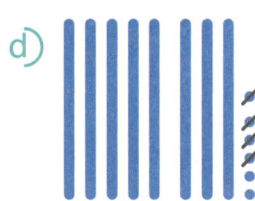

e)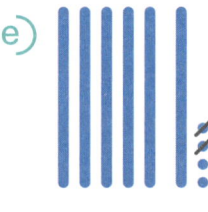

f)

g)

h)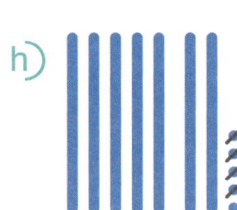

3 Zeichne Rechenbilder und löse die Aufgaben.

a) 45 − 2 = ▢

b) 67 − 5 = ▢

c) 84 − 3 = ▢

d) 98 − 3 = ▢

e) 56 − 4 = ▢

f) 29 − 6 = ▢

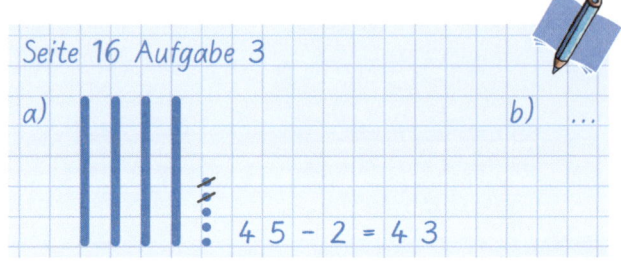

Seite 16 Aufgabe 3

a)   b) ...

4 5 − 2 = 4 3

★ führen Zahldarstellungen ineinander über
★ wechseln zwischen verschiedenen Darstellungsformen
★ übertragen ihre bisherigen Kenntnisse und Vorgehensweisen auf den erweiterten Zahlenraum

Verwandte Minusaufgaben kennenlernen

8 − 3 = 5
18 − 3 = 15
28 − 3 = 25
38 − 3 = 35
48 − 3 = 45
58 − 3 = 55

Mit verwandten Aufgaben rechnen ist ganz einfach.

1 Schreibe zu den Punktebildern passende verwandte Aufgabenpaare (kleine Aufgabe, große Aufgabe).

a)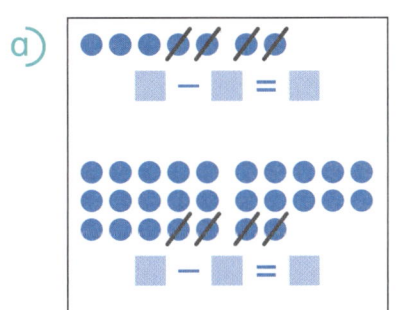
☐ − ☐ = ☐
☐ − ☐ = ☐

b)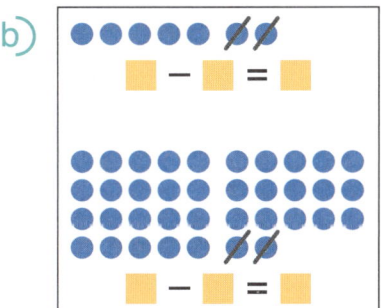
☐ − ☐ = ☐
☐ − ☐ = ☐

Seite 17 Aufgabe 1
a) 7 − 4 = 3   b) ...
   27 − 4 = 23

c)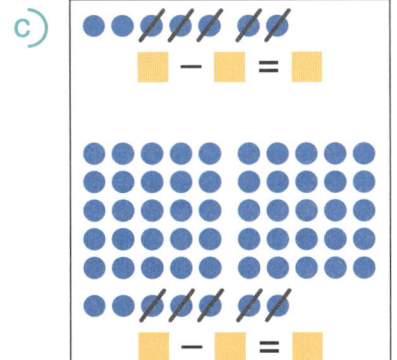
☐ − ☐ = ☐
☐ − ☐ = ☐

d)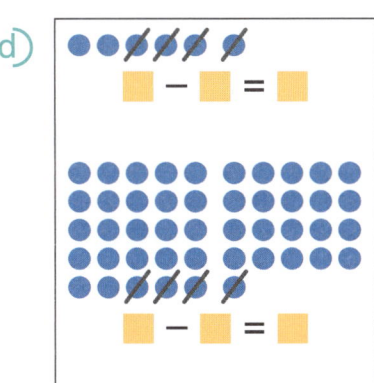
☐ − ☐ = ☐
☐ − ☐ = ☐

e)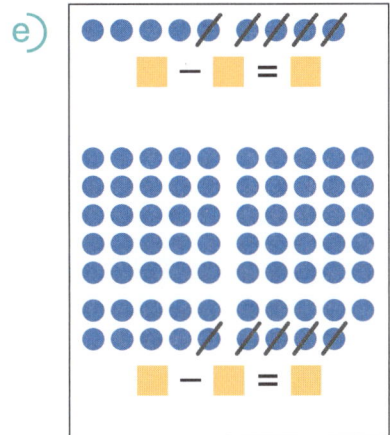
☐ − ☐ = ☐
☐ − ☐ = ☐

f)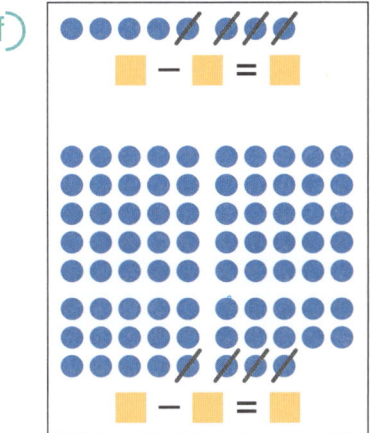
☐ − ☐ = ☐
☐ − ☐ = ☐

★ führen Zahldarstellungen ineinander über
★ übertragen ihre bisher bekannten Vorgehensweisen auf analoge Aufgaben
★ erkennen Analogien

Verwandte Minusaufgaben lösen

1 Löse verwandte Aufgabenpaare. Finde selbst weitere.

a) 7 − 3 = ☐
   57 − 3 = ☐

b) 6 − 4 = ☐
   76 − 4 = ☐

c) 7 − 4 = ☐
   27 − 4 = ☐

d) 8 − 7 = ☐
   38 − 7 = ☐

e) ☐ − ☐ = ☐
   ☐ − ☐ = ☐

f) ☐ − ☐ = ☐
   ☐ − ☐ = ☐

Seite 18 Aufgabe 1
a)   7 − 3 = 4   b) …
       5 7 − 3 = 5 4

2 Rechne verwandte Aufgaben. Finde selbst weitere.

a) 9 − 5 = ☐
   19 − 5 = ☐
   49 − 5 = ☐
   79 − 5 = ☐

b) 5 − 2 = ☐
   25 − 2 = ☐
   75 − 2 = ☐
   85 − 2 = ☐

c) ☐ − ☐ = ☐
   ☐ − ☐ = ☐
   ☐ − ☐ = ☐
   ☐ − ☐ = ☐

Seite 18 Aufgabe 2
a)   9 − 5 = 4   b) …
           ⋮

3 Ordne die Kärtchen mit verwandten Aufgaben zu.
Schreibe die Aufgaben in dein Heft.

27 − 3 = ☐	38 − 7 = ☐	35 − 3 = ☐
98 − 5 = ☐	74 − 2 = ☐	69 − 6 = ☐
29 − 6 = ☐	18 − 7 = ☐	38 − 5 = ☐
45 − 3 = ☐	67 − 3 = ☐	34 − 2 = ☐

Seite 18 Aufgabe 3
2 7 − 3 = 2 4
6 7 − 3 = 6 4
       ⋮

4 Finde zu jeder kleinen Aufgabe zwei verwandte Aufgaben.

a) 7 − 4 = 3
   ☐ − ☐ = ☐
   ☐ − ☐ = ☐

b) 9 − 7 = 2
   ☐ − ☐ = ☐
   ☐ − ☐ = ☐

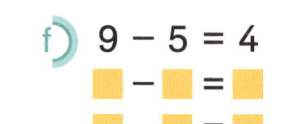
27 − 4 = 23
57 − 4 = 53
oder …

c) 8 − 6 = 2
   ☐ − ☐ = ☐
   ☐ − ☐ = ☐

Seite 18 Aufgabe 4
a)   7 − 4 = 3   b) …
       2 7 − 4 = 2 3
       5 7 − 4 = 5 3

d) 6 − 3 = 3
   ☐ − ☐ = ☐
   ☐ − ☐ = ☐

e) 7 − 2 = 5
   ☐ − ☐ = ☐
   ☐ − ☐ = ☐

f) 9 − 5 = 4
   ☐ − ☐ = ☐
   ☐ − ☐ = ☐

∗ übertragen ihre Fertigkeiten im schnellen Kopfrechnen
auf analoge Aufgaben im erweiterten Zahlenraum
∗ erkennen Strukturen von Aufgabenreihen und setzen die Reihen fort

→ AH Seite 16
→ Ü Seite 15

1 Suche und berechne zuerst die kleine Aufgabe.
Schreibe beide Aufgaben auf.

a) $87 - 3 = $ ▪

b) $54 - 2 = $ ▪

c) $45 - 4 = $ ▪

d) $39 - 7 = $ ▪

e) $88 - 5 = $ ▪

f) $67 - 6 = $ ▪

g) $55 - 4 = $ ▪

h) $78 - 6 = $ ▪

i) $37 - 5 = $ ▪

k) $26 - 4 = $ ▪

Seite 19 Aufgabe 1

a) $7 - 3 = 4$ b)   ...

   $87 - 3 = 84$

2 Berechne zuerst die kleine Aufgabe im Kopf.
Löse dann die Aufgabe.

a) $86 - 4 = $ ▪
  $69 - 1 = $ ▪
  $57 - 5 = $ ▪
  $98 - 4 = $ ▪

b) $43 - 2 = $ ▪
  $89 - 7 = $ ▪
  $38 - 5 = $ ▪
  $74 - 3 = $ ▪

c) $58 - 8 = $ ▪
  $77 - 4 = $ ▪
  $95 - 3 = $ ▪
  $27 - 6 = $ ▪

d) $66 - 2 = $ ▪
  $89 - 8 = $ ▪
  $74 - 2 = $ ▪
  $37 - 6 = $ ▪

Seite 19 Aufgabe 2

a) $86 - 4 = 82$ b)   ...

   $69 - 1 = ...$

$9 - 1 = 8$

73 35 68   61 47 28 95   52 13 71 48 96

★ vollziehen Analogien nach und übertragen sie bei der Lösung von Aufgaben im erweiterten Zahlenraum
★ übertragen ihre Kenntnisse der Subtraktion im Zahlenraum bis 10 auf analoge Aufgaben im erweiterten Zahlenraum

Minusaufgaben üben

1 Schreibe zu jeder Blume fünf Minusaufgaben auf und löse sie.

a)

b)

Seite 20 Aufgabe 1

a) 6 9 - 2 = 6 7   b) ...

   6 9 - 5 = ...

      ⋮

c)

d)
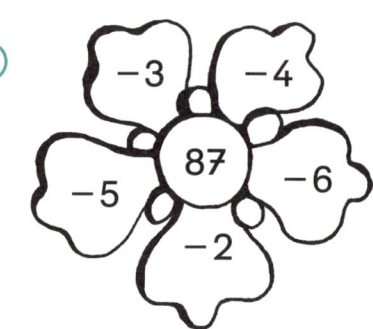

2 Setze die Aufgabenreihen fort.

a) 89 - 8 = ▨
    89 - 7 = ▨
    89 - 6 = ▨
    ▨ - ▨ = ▨
    ▨ - ▨ = ▨
    ▨ - ▨ = ▨

b) 68 - 1 = ▨
    68 - 2 = ▨
    68 - 3 = ▨
    ▨ - ▨ = ▨
    ▨ - ▨ = ▨
    ▨ - ▨ = ▨

Seite 20 Aufgabe 2

a) 8 9 - 8 = 8 1   b) ...

   8 9 - 7 = ...

      ⋮

c) 57 - 6 = ▨
    56 - 5 = ▨
    55 - 4 = ▨
    ▨ - ▨ = ▨
    ▨ - ▨ = ▨
    ▨ - ▨ = ▨

d) 74 - 2 = ▨
    75 - 3 = ▨
    76 - 4 = ▨
    ▨ - ▨ = ▨
    ▨ - ▨ = ▨
    ▨ - ▨ = ▨

3 Betrachte gemeinsam mit einem anderen Kind, wie sich
in Aufgabe **2** in den einzelnen Reihen die Ergebnisse verändern.
Überlegt, warum das so ist.

⋆ erkennen die Struktur von Aufgabenreihen und setzen diese fort
⋆ übertragen ihre Kenntnisse von Nachbaraufgaben und gleichsinnigem
  Verändern auf den erweiterten Zahlenraum

Ich kontrolliere mit der Umkehraufgabe.

36 − 4 = 32
denn
32 + 4 = 36

61 + 7 = 68
denn
68 − 7 = 61

1 Löse die Aufgaben.
Kontrolliere deine Ergebnisse mit der Umkehraufgabe.

a) 85 − 2 = ⬜
97 − 3 = ⬜
76 − 2 = ⬜
48 − 5 = ⬜
39 − 6 = ⬜

b) 53 + 4 = ⬜
35 + 3 = ⬜
94 + 4 = ⬜
73 + 5 = ⬜
62 + 6 = ⬜

Seite 21 Aufgabe 1

a) 8 5 − 2 = 8 3, denn 8 3 + 2 = 8 5
⋮

b) 5 3 + 4 = 5 7, denn 5 7 − 4 = 5 3
⋮

2 Kontrolliere die Aufgaben. Rechne dazu die Umkehraufgaben.
Schreibe die Aufgaben mit dem richtigen Ergebnis auf.
Tipp: In jedem Päckchen findest du eine falsch gelöste Aufgabe.

a) 87 − 4 = 83
38 − 5 = 33
49 − 3 = 45
55 − 4 = 51

b) 72 + 6 = 78
81 + 5 = 86
35 + 4 = 31
56 + 3 = 59

Seite 21 Aufgabe 2

a) 4 9 − 3 = 4 6   b) ...

c) 89 − 6 = 83
76 − 5 = 71
98 − 4 = 94
75 − 2 = 72

d) 32 + 3 = 35
44 + 5 = 94
86 + 4 = 90
65 + 2 = 67

3 Rechne im Kopf. Schreibe das Ergebnis auf.

a) 32 + 7 − 4 + 2 = ⬜   b) 76 − 4 + 5 − 3 = ⬜

c) 98 − 5 + 2 + 4 = ⬜   d) 84 + 5 − 7 + 4 = ⬜

e) 91 + 7 − 3 + 5 = ⬜   f) 47 − 2 + 3 − 5 = ⬜

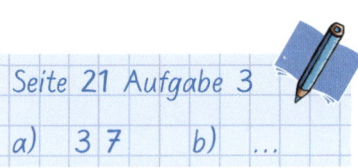

Seite 21 Aufgabe 3

a) 3 7   b) ...

★ übertragen ihre Kenntnisse auf den erweiterten Zahlenraum
★ nutzen die Operationseigenschaft (Umkehrbarkeit) von Rechenoperationen zur Ergebniskontrolle
★ erproben geschicktes Vorgehen, beschreiben und begründen ihre Vorgehensweise

1 Übe mit einem anderen Kind zusammen die Plusaufgaben bis 20.

Das kannst du schon.

2 Ergänze passend. Schreibe die Plusaufgaben auf.

a)
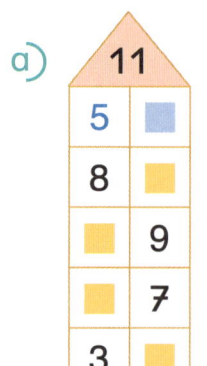

b)
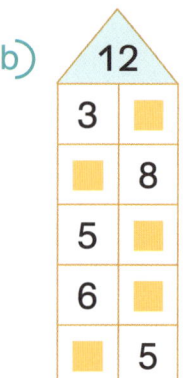

c)
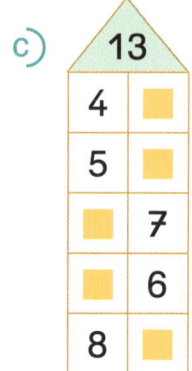

Seite 22 Aufgabe 2

a)   5 + 6 = 1 1   b) …

d)
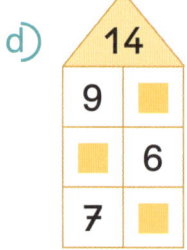

e)
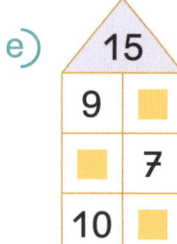

f)
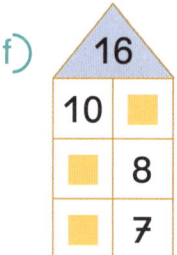

3 Rechne. Schreibe das Ergebnis auf.

a) 8 + 4 = ☐
7 + 6 = ☐
5 + 7 = ☐
8 + 7 = ☐
9 + 4 = ☐
6 + 8 = ☐

b) 6 + 5 = ☐
5 + 8 = ☐
4 + 7 = ☐
7 + 8 = ☐
9 + 6 = ☐
4 + 8 = ☐

Seite 22 Aufgabe 3

a)   1 2,   1 3, …   b) …

∗ wenden die Zahlensätze des Einspluseins bis 20 automatisiert an
und kontrollieren gegenseitig die Ergebnisse
∗ verwenden mathematische Fachbegriffe und Zeichen richtig

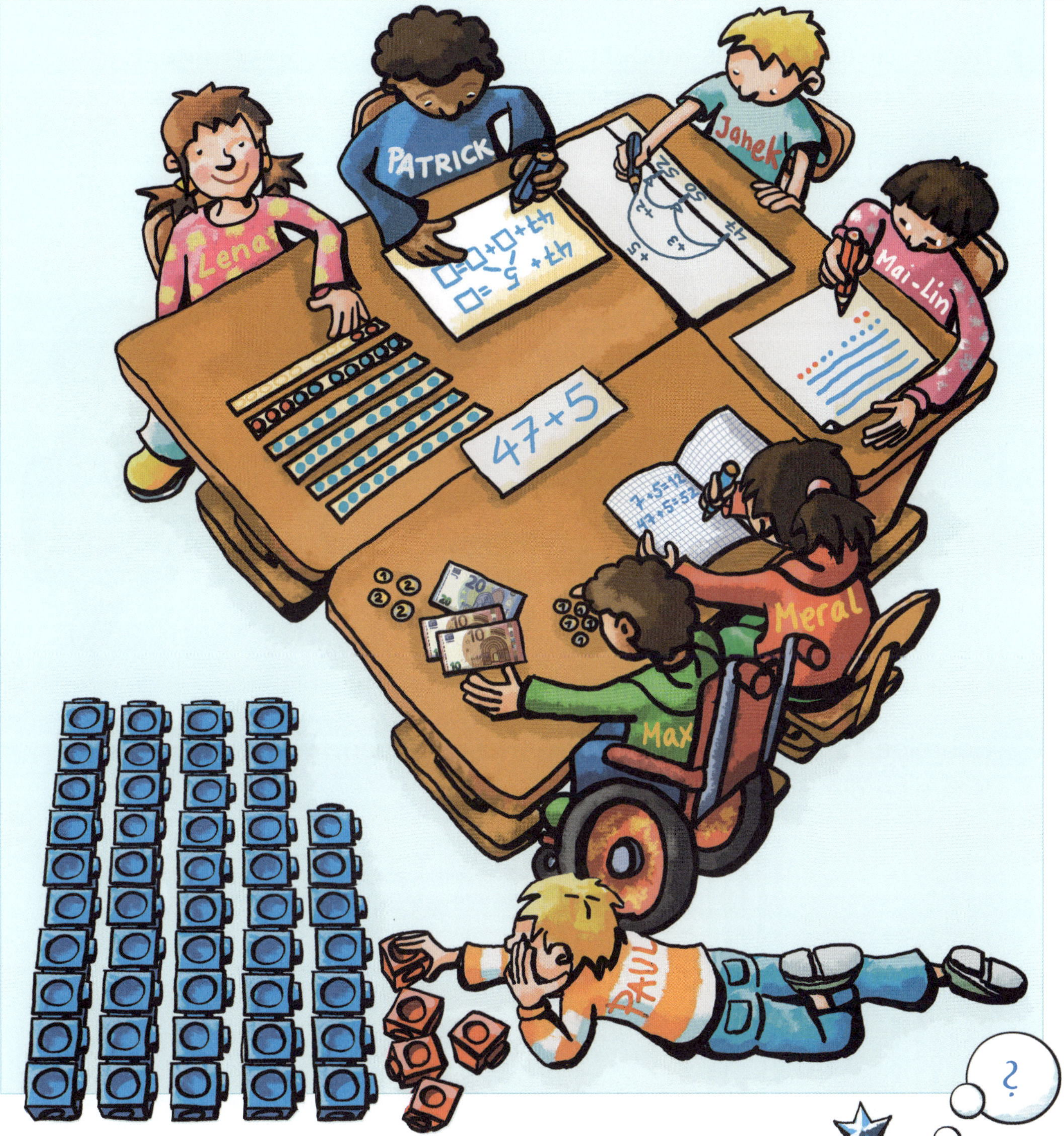

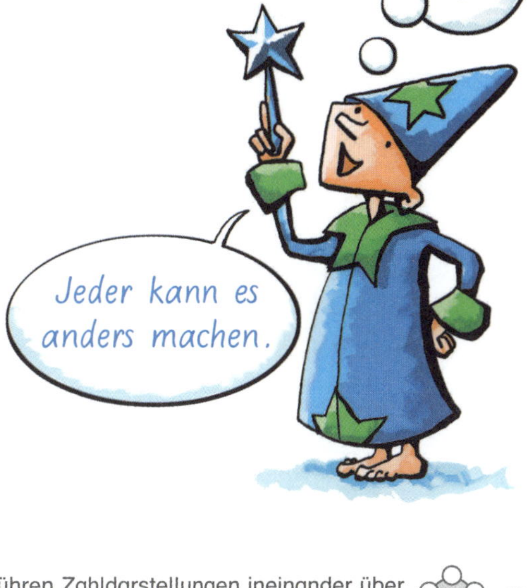

1 Löse die Aufgabe 47 + 5.
Probiere mindestens drei verschiedene
Hilfsmittel aus, die du bei den Kindern siehst.

2 Entscheide, mit welchen Hilfsmitteln
du die Aufgabe am besten lösen kannst.
Vergleiche mit anderen Kindern.

Jeder kann es anders machen.

1 Suche dir ein anderes Kind. Legt die Aufgaben mit Steckwürfeln oder Zehnerstreifen und Wendeplättchen. Zeichnet Rechenbilder.

48 + 6	67 + 5
29 + 4	56 + 7
38 + 3	42 + 9
86 + 6	78 + 4

48 + 6 = 54

2 Schreibe zu jedem Rechenbild die Plusaufgaben.
Schreibe die Rechenschritte auf.

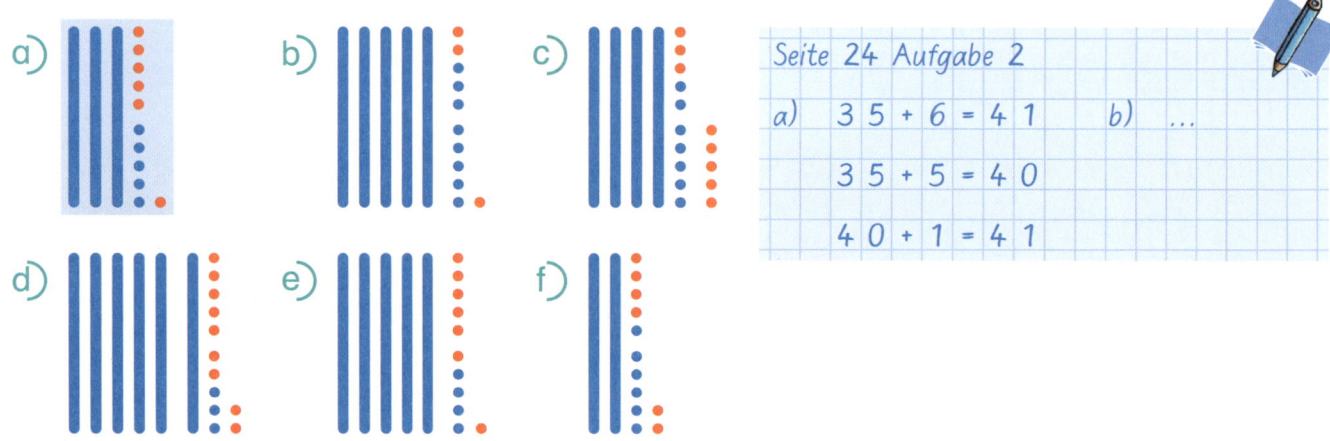

a) b) c) d) e) f)

Seite 24 Aufgabe 2

a) $35 + 6 = 41$ b) ...
    $35 + 5 = 40$
    $40 + 1 = 41$

3 Zeichne Rechenbilder und löse die Aufgaben.

a) $26 + 7 =$ ▢   b) $48 + 6 =$ ▢

c) $54 + 9 =$ ▢   d) $39 + 5 =$ ▢

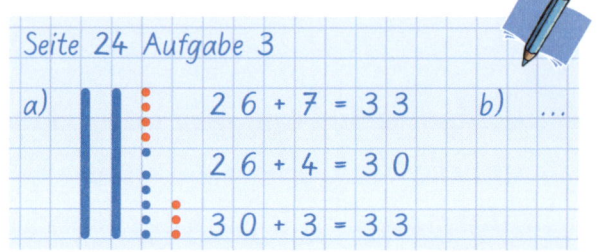

Seite 24 Aufgabe 3

a) $26 + 7 = 33$ b) ...
    $26 + 4 = 30$
    $30 + 3 = 33$

★ führen Zahldarstellungen ineinander über
★ übertragen ihre bisherigen Kenntnisse und Vorgehensweisen auf den erweiterten Zahlenraum

Verwandte Plusaufgaben zu Punktebildern finden

1 Schreibe zu den Punktebildern verwandte Aufgabenpaare.

a)
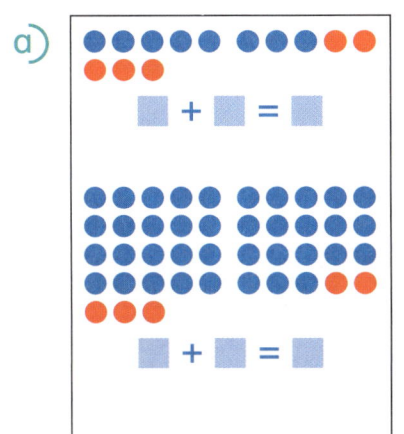
■ + ■ = ■

■ + ■ = ■

b)
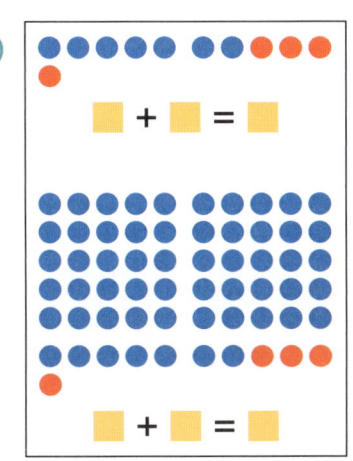
■ + ■ = ■

■ + ■ = ■

Seite 25 Aufgabe 1

a)   8 + 5 = 1 3   b) ...

     3 8 + 5 = 4 3

c)
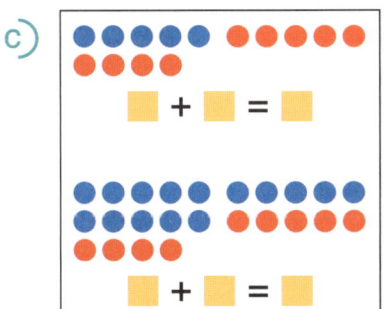
■ + ■ = ■

■ + ■ = ■

d)
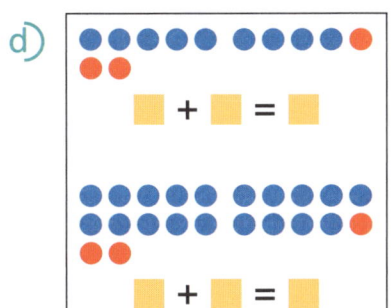
■ + ■ = ■

■ + ■ = ■

2 Schreibe zu den Punktebildern verwandte Aufgaben.

a)
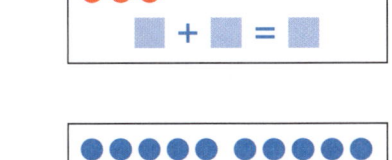
■ + ■ = ■

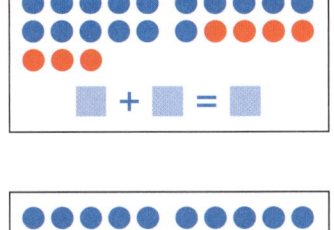
■ + ■ = ■

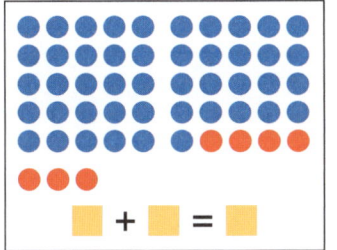
■ + ■ = ■

b)
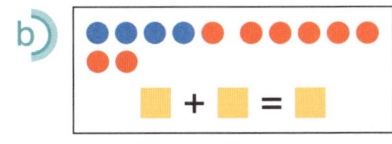
■ + ■ = ■

■ + ■ = ■

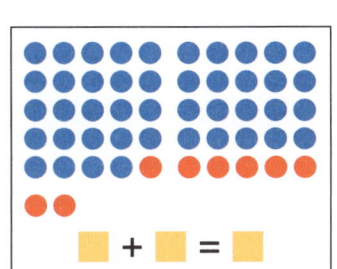
■ + ■ = ■

Seite 25 Aufgabe 2

a)   6 + 7 = 1 3   b) ...

     2 6 + 7 =

         ⋮

★ führen Zahldarstellungen ineinander über
★ übertragen ihre bisher bekannten Vorgehensweisen auf analoge Plusaufgaben
★ erkennen Analogien und nutzen sie als Rechenstrategie

Verwandte Plusaufgaben lösen

1 Löse die verwandten Aufgabenpaare und bilde selbst welche.

a) $7 + 6 = \square$
$37 + 6 = \square$

b) $9 + 4 = \square$
$49 + 4 = \square$

c) $4 + 8 = \square$
$74 + 8 = \square$

d) $7 + 7 = \square$
$57 + 7 = \square$

e) $\square + \square = \square$
$\square + \square = \square$

f) $\square + \square = \square$
$\square + \square = \square$

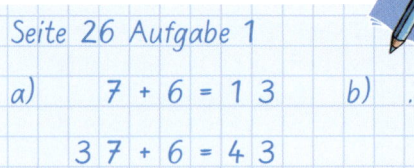

Seite 26 Aufgabe 1
a)   7 + 6 = 1 3   b) ...
      3 7 + 6 = 4 3

2 Finde zu jeder Aufgabe zwei verwandte Aufgaben.

a) $8 + 6 = 14$
$\square + \square = \square$
$\square + \square = \square$

b) $9 + 3 = 12$
$\square + \square = \square$
$\square + \square = \square$

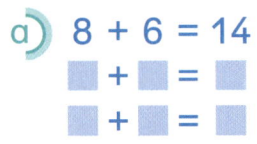

$48 + 6 = 54$
$68 + 6 = 74$
oder ...

c) $6 + 5 = 11$
$\square + \square = \square$
$\square + \square = \square$

Seite 26 Aufgabe 2
a)   8 + 6 = 1 4   b) ...
      4 8 + 6 = 5 4
      6 8 + 6 = 7 4

d) $5 + 7 = 12$
$\square + \square = \square$
$\square + \square = \square$

e) $4 + 9 = 13$
$\square + \square = \square$
$\square + \square = \square$

f) $7 + 5 = 12$
$\square + \square = \square$
$\square + \square = \square$

3 Löse die Aufgabenreihen mit verwandten Aufgaben.
Setze die Aufgabenreihen fort und bilde selbst welche.

a) $6 + 7 = \square$
$16 + 7 = \square$
$26 + 7 = \square$
⋮

b) $8 + 4 = \square$
$28 + 4 = \square$
$48 + 4 = \square$
⋮

c) $\square + \square = \square$
$\square + \square = \square$
$\square + \square = \square$
⋮

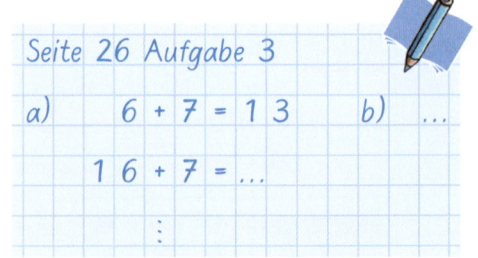

Seite 26 Aufgabe 3
a)   6 + 7 = 1 3   b) ...
      1 6 + 7 = ...
              ⋮

→ 46 25 73

→ 95 24 63 37

→ 43 82 35 19 56

★ übertragen ihre Fertigkeiten im schnellen Kopfrechnen
auf analoge Aufgaben im erweiterten Zahlenraum
★ erkennen Strukturen von Aufgabenreihen und setzen diese fort

→ AH Seite 18

Die kleine Aufgabe bei Plusaufgaben als Rechenhilfe nutzen

9 + 4 = 13
29 + 4 = 33

Ich rechne zuerst die kleine Aufgabe.

1 Suche und berechne zuerst die kleine Aufgabe.
Schreibe beide Aufgaben auf.

a) 38 + 5 = ⬜   b) 45 + 7 = ⬜

c) 76 + 8 = ⬜   d) 74 + 7 = ⬜

e) 86 + 6 = ⬜   f) 64 + 8 = ⬜

g) 57 + 5 = ⬜   h) 88 + 3 = ⬜

i) 64 + 8 = ⬜   k) 44 + 9 = ⬜

l) 35 + 7 = ⬜   m) 74 + 8 = ⬜

Seite 27 Aufgabe 1		
a) 8 + 5 = 1 3		b) ...
3 8 + 5 = 4 3		

2 Berechne zuerst die kleine Aufgabe im Kopf.
Löse dann die Aufgabe.

a) 36 + 7 = ⬜   b) 72 + 9 = ⬜
   38 + 8 = ⬜   47 + 5 = ⬜
   54 + 7 = ⬜   29 + 8 = ⬜
   69 + 2 = ⬜   26 + 6 = ⬜
   45 + 6 = ⬜   67 + 7 = ⬜

c) 73 + 8 = ⬜   d) 84 + 7 = ⬜
   55 + 7 = ⬜   45 + 6 = ⬜
   38 + 9 = ⬜   57 + 4 = ⬜
   66 + 8 = ⬜   79 + 5 = ⬜
   28 + 6 = ⬜   39 + 3 = ⬜

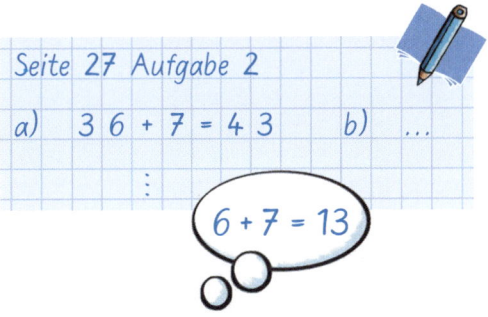

Seite 27 Aufgabe 2		
a) 3 6 + 7 = 4 3		b) ...

6 + 7 = 13

★ vollziehen die Analogien als Hilfe nach und übertragen diese bei der Lösung von Aufgaben im erweiterten Zahlenraum

→ Ü Seite 17   ★ übertragen ihre Kenntnisse des Einspluseins bis 20 auf analoge Aufgaben im erweiterten Zahlenraum

Plusaufgaben in zwei Schritten lösen

1 Lies die Plusaufgaben am Rechenstrich ab. Die beiden Rechenschritte sind am Rechenstrich dargestellt. Schreibe sie auf.

a)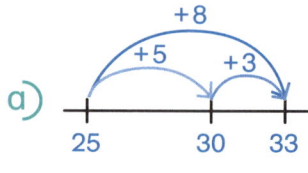

b)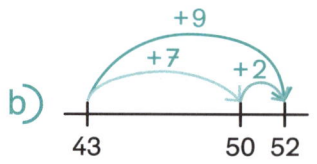

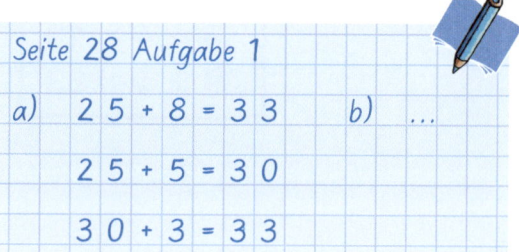

Seite 28 Aufgabe 1
a) 2 5 + 8 = 3 3   b) ...
    2 5 + 5 = 3 0
    3 0 + 3 = 3 3

c)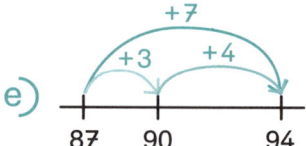

d)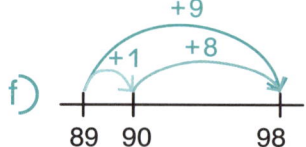

e)

+7
+3 +4
87 90   94

f)

+9
+1 +8
89 90   98

2 Finde die beiden Rechenschritte.

a) 47 + 8 = ☐
    47 + ☐ + ☐ = ☐

b) 56 + 7 = ☐
    56 + ☐ + ☐ = ☐

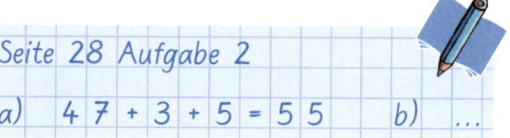

Seite 28 Aufgabe 2
a) 4 7 + 3 + 5 = 5 5   b) ...

c) 65 + 9 = ☐
    65 + ☐ + ☐ = ☐

d) 67 + 6 = ☐
    67 + ☐ + ☐ = ☐

e) 73 + 8 = ☐
    73 + ☐ + ☐ = ☐

f) 88 + 5 = ☐
    88 + ☐ + ☐ = ☐

g) 24 + 9 = ☐
    24 + ☐ + ☐ = ☐

h) 35 + 7 = ☐
    35 + ☐ + ☐ = ☐

Rechne wie im ersten Schuljahr, zuerst bis zum nächsten Zehner, dann weiter.

3 Löse die Plusaufgaben.
Stelle die Rechenschritte wie in Aufgabe **1** oder **2** dar.

a) 47 + 6 = ☐

b) 34 + 8 = ☐

c) 86 + 7 = ☐

d) 57 + 5 = ☐

e) 68 + 5 = ☐

f) 75 + 7 = ☐

Seite 28 Aufgabe 3
a) ...

★ nutzen Rechenstrategien (Rechnen in Schritten) im Zahlenraum bis 100
★ verwenden bei der Darstellung von Lösungswegen geeignete Darstellungsformen

$36 + 9 = \blacksquare$

$6 + 9 = 15$
$36 + 9 = 45$

$36 + 4 = 40$
$40 + 5 = 45$

$36 + 10 = 46$
$46 - 1 = 45$

6 + 9 = 15, das weiß ich. Dann ist 36 + 9 = 45.

Lena

Janek

Mai-Lin

Ich rechne zuerst bis zum nächsten Zehner: 36 + 4 = 40. Dann muss ich noch 5 dazurechnen.

36 + 10 = 46, das ist einfach. Ich soll aber nur + 9 rechnen. Also nehme ich 1 wieder weg.

Wie rechnest du?

 1 Wie rechnest du die Aufgabe 36 + 9?
Vergleiche mit anderen Kindern.

2 Rechne mit deinem Rechenweg.

a) $75 + 9 = \blacksquare$ b) $72 + 9 = \blacksquare$

$43 + 8 = \blacksquare$ $47 + 5 = \blacksquare$

$54 + 7 = \blacksquare$ $29 + 8 = \blacksquare$

$69 + 2 = \blacksquare$ $86 + 6 = \blacksquare$

$27 + 5 = \blacksquare$ $63 + 9 = \blacksquare$

$84 + 8 = \blacksquare$ $35 + 7 = \blacksquare$

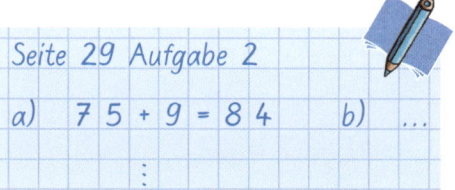

Seite 29 Aufgabe 2
a) $75 + 9 = 84$ b) ...

→ AH Seite 19

★ präsentieren und begründen ihre Rechenwege und tauschen sich mit anderen aus
★ übertragen ihre Vorgehensweise (Rechenstrategie) auf weitere Aufgabenstellungen

  1 Übe mit einem anderen Kind zusammen
die Minusaufgaben bis 20.

2 Ergänze passend. Schreibe die Zahlenpaare auf.

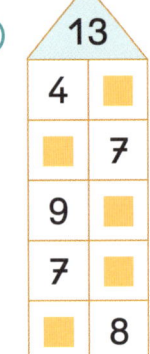

a) 14

7	
6	
	9
	6
9	

b) 13

4	
	7
9	
7	
	8

c) 12

7	
8	
	6
	3
5	

Seite 30 Aufgabe 2

a)   7 | 7   b)   ...

  6 | ...

d) 11

8	
	7
6	

e) 16

7	
	8
9	

f) 17

9	
	10
8	

3 Rechne. Schreibe das Ergebnis auf.

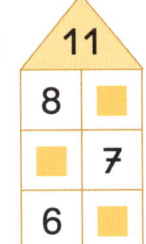

a) 18 − 9 = ▮
17 − 8 = ▮
15 − 7 = ▮
12 − 7 = ▮
13 − 4 = ▮
16 − 8 = ▮

b) 12 − 5 = ▮
13 − 8 = ▮
14 − 7 = ▮
15 − 8 = ▮
12 − 6 = ▮
14 − 8 = ▮

Seite 30 Aufgabe 3

a)   9,   9,   ...   b)   ...

★ wenden Subtraktionsaufgaben im Zahlenraum bis 20 automatisiert an
und kontrollieren gegenseitig die Ergebnisse
★ verwenden mathematische Fachbegriffe und Zeichen richtig

30

1 Löse die Aufgabe 32 − 8.
Probiere mindestens drei verschiedene
Hilfsmittel aus, die du bei den Kindern siehst.

2 Entscheide, mit welchen Hilfsmitteln
du die Aufgabe am besten lösen kannst.
Vergleiche mit anderen Kindern.

Jeder kann es anders machen.

★ führen Zahldarstellungen ineinander über
★ entwickeln, nutzen und begründen ihre Rechenwege mit geeigneten Darstellungsformen und stellen diese vor

 31

Minusaufgaben zeichnen und lösen

 1 Suche dir ein anderes Kind. Legt die Aufgaben mit Steckwürfeln oder Zehnerstreifen und Wendeplättchen. Zeichnet Rechenbilder.

32 − 5	71 − 6
81 − 4	44 − 8
68 − 9	56 − 7
24 − 7	93 − 6

32 − 5 = 27

2 Schreibe zu jedem Rechenbild die Minusaufgabe.
Schreibe die Rechenschritte auf.

a) 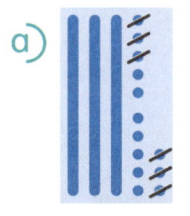   b) 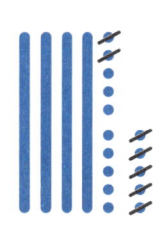   c)

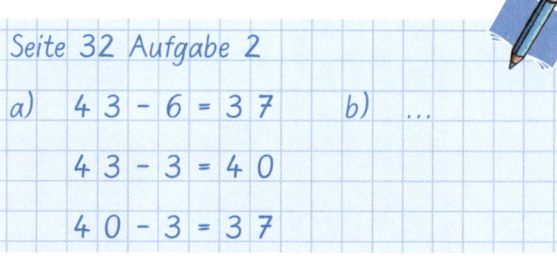

Seite 32 Aufgabe 2
a) 4 3 − 6 = 3 7   b) ...
    4 3 − 3 = 4 0
    4 0 − 3 = 3 7

d)    e)   f)

3 Zeichne Rechenbilder und löse die Aufgaben.

a) 24 − 6 = ▢   b) 46 − 8 = ▢

c) 55 − 8 = ▢   d) 71 − 4 = ▢

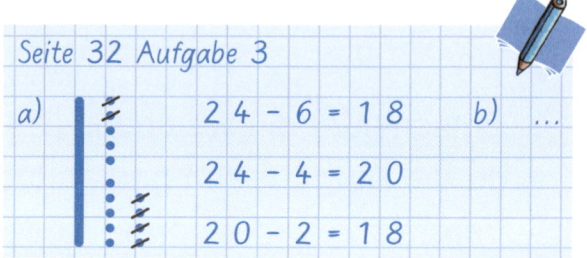

Seite 32 Aufgabe 3
a)   2 4 − 6 = 1 8   b) ...
    2 4 − 4 = 2 0
    2 0 − 2 = 1 8

★ führen Zahldarstellungen ineinander über
★ übertragen ihre bisherigen Kenntnisse und Vorgehensweisen auf den erweiterten Zahlenraum

1 Schreibe zu den Punktebildern verwandte Aufgabenpaare.

a)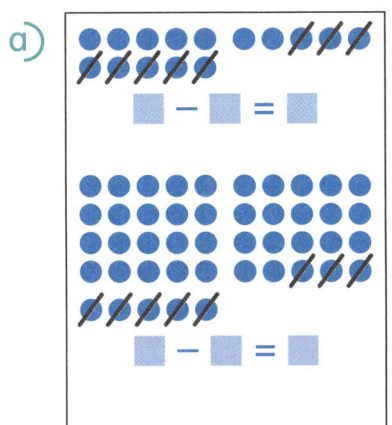

b)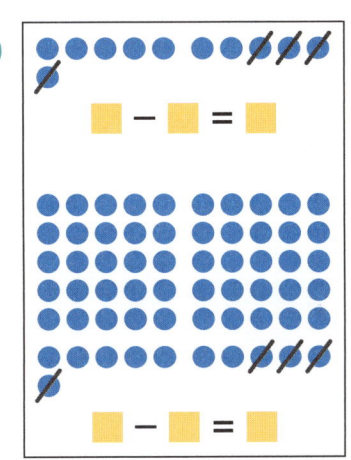

Seite 33 Aufgabe 1

a) 1 5 - 8 = 7   b) ...

     4 5 - 8 = 3 7

c)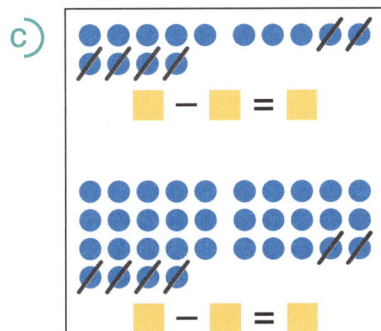

d)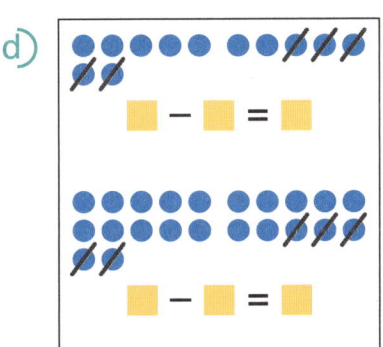

2 Schreibe zu den Punktebildern verwandte Aufgaben.

a)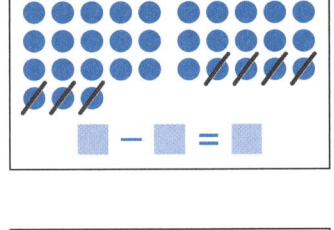

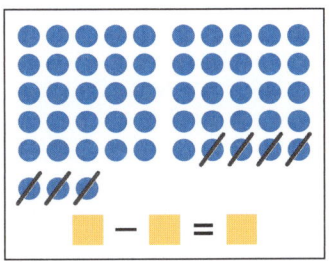

b)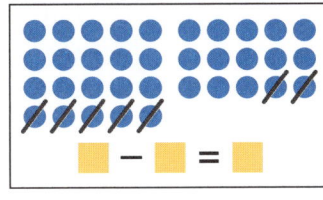

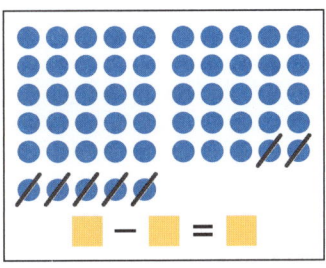

Seite 33 Aufgabe 2

a) 1 3 - 7 = 6   b) ...

     3 3 - 7 =

★ führen Zahldarstellungen ineinander über

★ übertragen ihre bisher bekannten Vorgehensweisen auf analoge Minusaufgaben

★ erkennen Analogien und nutzen sie als Rechenstrategie

Verwandte Minusaufgaben lösen

1 Löse die verwandten Aufgabenpaare und bilde selbst welche.

a) $15 - 6 = \blacksquare$
$45 - 6 = \blacksquare$

b) $11 - 4 = \blacksquare$
$81 - 4 = \blacksquare$

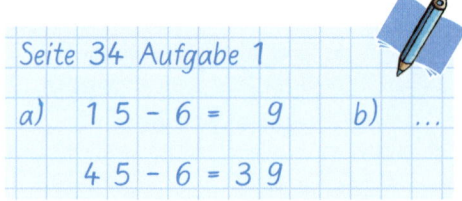

Seite 34 Aufgabe 1
a) $1\,5 - 6 = 9$ b) ...
$4\,5 - 6 = 3\,9$

c) $13 - 5 = \blacksquare$
$33 - 5 = \blacksquare$

d) $15 - 8 = \blacksquare$
$65 - 8 = \blacksquare$

e) $\blacksquare - \blacksquare = \blacksquare$
$\blacksquare - \blacksquare = \blacksquare$

f) $\blacksquare - \blacksquare = \blacksquare$
$\blacksquare - \blacksquare = \blacksquare$

2 Finde zu jeder Aufgabe zwei verwandte Aufgaben.

a) $12 - 4 = 8$
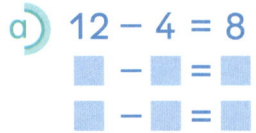

b) $15 - 7 = 8$
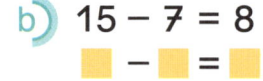

$32 - 4 = 28$
$62 - 4 = 58$
oder ...

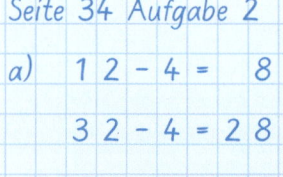

Seite 34 Aufgabe 2
a) $1\,2 - 4 = 8$ b) ...
$3\,2 - 4 = 2\,8$
$6\,2 - 4 = 5\,8$

c) $14 - 6 = 8$
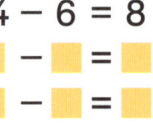

d) $16 - 9 = 7$

e) $12 - 6 = 6$

f) $13 - 5 = 8$

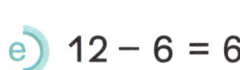

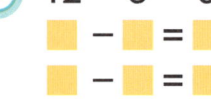

3 Löse die Aufgabenreihen mit verwandten Aufgaben.
Setze die Aufgabenreihen fort und bilde selbst welche.

a) $12 - 5 = \blacksquare$
$22 - 5 = \blacksquare$
$32 - 5 = \blacksquare$
⋮

b) $11 - 6 = \blacksquare$
$31 - 6 = \blacksquare$
$51 - 6 = \blacksquare$
⋮

c) $\blacksquare - \blacksquare = \blacksquare$
$\blacksquare - \blacksquare = \blacksquare$
$\blacksquare - \blacksquare = \blacksquare$
⋮

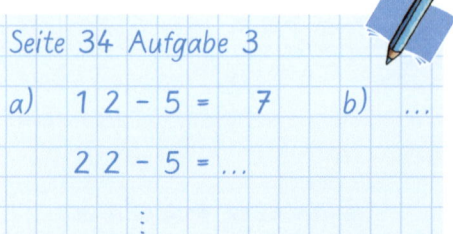

Seite 34 Aufgabe 3
a) $1\,2 - 5 = 7$ b) ...
$2\,2 - 5 = ...$
⋮

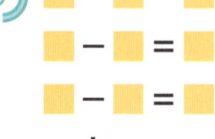

← 28 91

← 51 86 75

← 42 71 94 53

★ übertragen ihre Fertigkeiten im schnellen Kopfrechnen
auf analoge Aufgaben im erweiterten Zahlenraum
★ erkennen Strukturen von Aufgabenreihen und setzen diese fort

→ AH Seite 20

Die kleine Aufgabe bei Minusaufgaben als Rechenhilfe nutzen

15 − 8 = 7
65 − 8 = 57

Ich rechne zuerst die kleine Aufgabe.

1 Suche und berechne zuerst die kleine Aufgabe.
Schreibe beide Aufgaben auf.

a) 52 − 5 = ▣
b) 45 − 7 = ▢
c) 72 − 8 = ▢
d) 74 − 7 = ▢
e) 83 − 6 = ▢
f) 53 − 8 = ▢
g) 21 − 4 = ▢
h) 82 − 3 = ▢
i) 64 − 8 = ▢
k) 45 − 9 = ▢
l) 35 − 7 = ▢
m) 74 − 6 = ▢

Seite 35 Aufgabe 1
a)   1 2 − 5 =   7   b)   ...
      5 2 − 5 = 4 7

2 Berechne zuerst die kleine Aufgabe im Kopf.
Löse dann die Aufgabe.

a) 71 − 8 = ▣
  38 − 9 = ▢
  54 − 7 = ▢
  61 − 2 = ▢
  93 − 6 = ▢

b) 72 − 9 = ▢
  43 − 5 = ▢
  35 − 8 = ▢
  22 − 6 = ▢
  55 − 7 = ▢

c) 36 − 7 = ▢
  54 − 7 = ▢
  28 − 9 = ▢
  66 − 8 = ▢
  73 − 6 = ▢

d) 83 − 7 = ▢
  45 − 6 = ▢
  52 − 4 = ▢
  74 − 5 = ▢
  36 − 8 = ▢

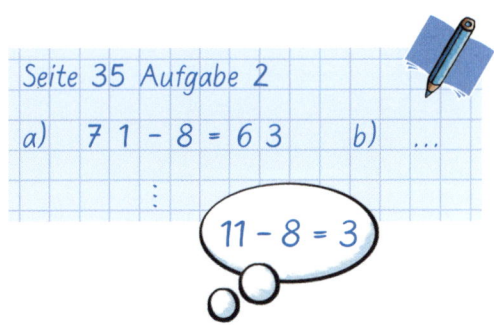

Seite 35 Aufgabe 2
a)   7 1 − 8 = 6 3   b)   ...

11 − 8 = 3

★ vollziehen die Analogiebildungen nach und übertragen sie auf Aufgaben im erweiterten Zahlenraum
★ übertragen ihre Kenntnisse der Subtraktion im Zahlenraum bis 20 auf analoge Aufgaben
im erweiterten Zahlenraum

→ Ü Seite 18

Minusaufgaben in zwei Schritten lösen

1 Lies die Minusaufgaben am Rechenstrich ab. Die beiden Rechenschritte sind am Rechenstrich dargestellt. Schreibe sie auf.

a)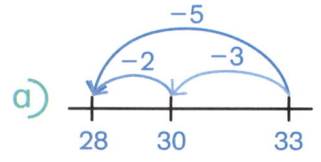

b)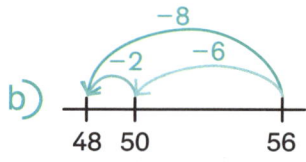

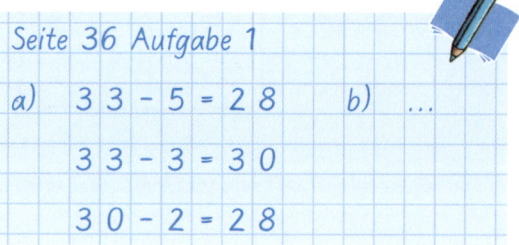

Seite 36 Aufgabe 1

a) 3 3 – 5 = 2 8   b) ...
    3 3 – 3 = 3 0
    3 0 – 2 = 2 8

c)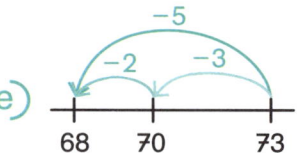

d)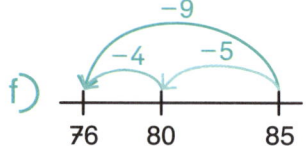

e)

f)

2 Finde die beiden Rechenschritte.

a) 43 – 8 = ▮
   43 – ▮ – ▮ = ▮

b) 56 – 7 = ▮
   56 – ▮ – ▮ = ▮

Seite 36 Aufgabe 2

a) 4 3 – 3 – 5 = 3 5   b) ...

c) 64 – 6 = ▮
   64 – ▮ – ▮ = ▮

d) 77 – 9 = ▮
   77 – ▮ – ▮ = ▮

e) 85 – 7 = ▮
   85 – ▮ – ▮ = ▮

f) 93 – 4 = ▮
   93 – ▮ – ▮ = ▮

g) 37 – 9 = ▮
   37 – ▮ – ▮ = ▮

h) 72 – 5 = ▮
   72 – ▮ – ▮ = ▮

Rechne auch bei Minusaufgaben zuerst bis zum Zehner und dann weiter.

3 Löse die Minusaufgaben.
Stelle die Rechenschritte wie in Aufgabe **1** oder **2** dar.

a) 53 – 6 = ▮

b) 42 – 8 = ▮

c) 74 – 7 = ▮

d) 35 – 8 = ▮

e) 81 – 5 = ▮

f) 66 – 7 = ▮

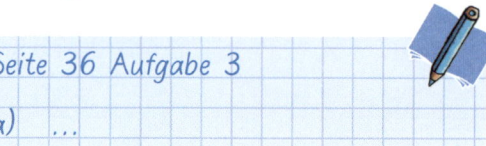

Seite 36 Aufgabe 3

a) ...

★ nutzen Rechenstrategien (Rechnen in Schritten) im Zahlenraum bis 100
★ verwenden bei der Darstellung von Lösungswegen geeignete Darstellungsformen

$$83 - 9 = \blacksquare$$

$13 - 9 = 4$	$83 - 3 = 80$	$83 - 10 = 73$
$83 - 9 = 74$	$80 - 6 = 74$	$73 + 1 = 74$

$13 - 9 = 4$, das weiß ich. Dann ist $83 - 9 = 74$.

Lena

Janek

Mai-Lin

Ich rechne zuerst bis zum Zehner: $83 - 3 = 80$. Dann muss ich noch 6 wegnehmen.

$83 - 10 = 73$, das ist leicht. Ich soll aber nur -9 rechnen. Also zähle ich wieder 1 dazu.

Wie rechnest du?

 1 Wie rechnest du die Aufgabe $83 - 9$?
Vergleiche mit anderen Kindern.

2 Rechne mit deinem Rechenweg.

a) $54 - 9 = \blacksquare$ b) $71 - 8 = \blacksquare$
   $45 - 6 = \blacksquare$ $54 - 7 = \blacksquare$
   $38 - 9 = \blacksquare$ $92 - 4 = \blacksquare$
   $76 - 8 = \blacksquare$ $34 - 5 = \blacksquare$
   $64 - 9 = \blacksquare$ $83 - 6 = \blacksquare$
   $42 - 4 = \blacksquare$ $31 - 5 = \blacksquare$

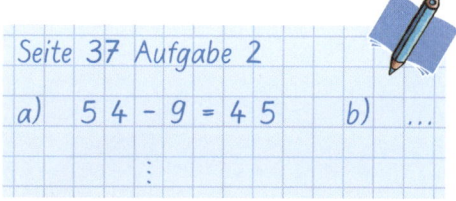

Seite 37 Aufgabe 2
a) $5\ 4 - 9 = 4\ 5$ b) ...

 1 Suche alleine oder mit einem anderen Kind jeweils 3 Zahlen, mit denen du eine Plusaufgabe und eine Minusaufgabe bilden kannst. Schreibe die Aufgaben auf.

2 Schreibe die passenden Plus- und Minusaufgaben auf.

a) $48 \underset{-7}{\overset{+7}{\rightleftarrows}} \blacksquare$

b) $36 \underset{-6}{\overset{+6}{\rightleftarrows}} \blacksquare$

c) $63 \underset{+9}{\overset{-9}{\rightleftarrows}} \blacksquare$

d) $81 \underset{+4}{\overset{-4}{\rightleftarrows}} \blacksquare$

Seite 38 Aufgabe 2
a) 4 8 + 7 = 5 5   b) ...
    5 5 − 7 = 4 8

3 Kontrolliere die Aufgaben. Rechne dazu auch die Umkehraufgaben.
Tipp: 6 Aufgaben sind falsch.

a) $63 - 4 = 59$
$72 - 6 = 65$
$41 - 5 = 36$
$84 - 7 = 76$

b) $33 - 8 = 25$
$92 - 7 = 85$
$75 - 6 = 69$
$63 - 9 = 56$

c) $29 + 3 = 32$
$67 + 7 = 74$
$48 + 9 = 56$
$79 + 5 = 84$

d) $24 + 6 = 32$
$38 + 4 = 42$
$48 + 9 = 57$
$84 + 8 = 76$

Seite 38 Aufgabe 3
a) 6 3 − 4 = 5 9 ✓, denn 5 9 + 4 = 6 3
    7 2 − 6 = 6 5 f, denn 6 5 + 6 = 7 1
        ⋮
b) ...

4 Schreibe die Aufgaben auf und löse sie.

Hier hilft die Umkehraufgabe.

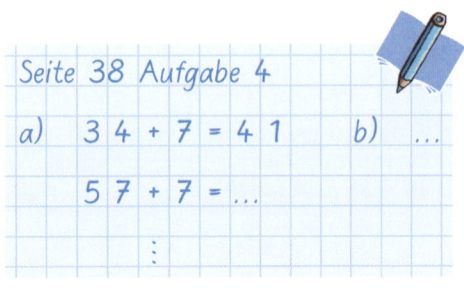

Seite 38 Aufgabe 4
a) 3 4 + 7 = 4 1   b) ...
    5 7 + 7 = ...
        ⋮

* nutzen die Operationseigenschaft (Umkehrbarkeit) von Rechenoperationen zur Ergebniskontrolle
* bearbeiten Aufgabenstellungen gemeinsam und tauschen sich mit anderen aus

→ AH Seite 21

Plus- und Minusaufgaben üben (1)

1 Schreibe die Aufgaben auf und löse sie.

a)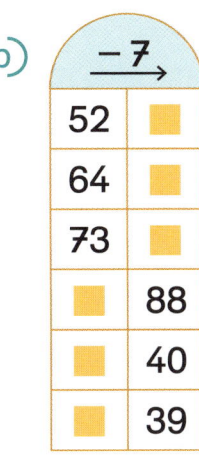

+8 →	
28	▪
▪	42
45	▪
▪	84
63	▪
▪	61

b)

−7 →	
52	▪
64	▪
73	▪
▪	88
▪	40
▪	39

c)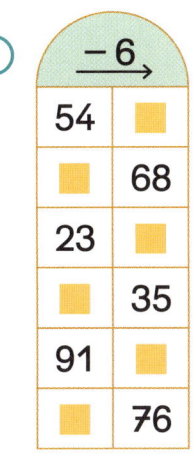

−6 →	
54	▪
▪	68
23	▪
▪	35
91	▪
▪	76

Seite 39 Aufgabe 1

a) 2 8 + 8 = 3 6

⋮

b) ...

2 Schreibe die Aufgaben auf und löse sie.

a)

+	3	5	7	8	4
38	▪	▪	▪	▪	▪
47	▪	▪	▪	▪	▪
79	▪	▪	▪	▪	▪

b)

+	5	9	▪	▪	▪
65	▪	▪	72	▪	▪
86	▪	▪	▪	92	▪
78	▪	▪	▪	▪	86

Seite 39 Aufgabe 2

a) 3 8 + 3 = 4 1

⋮

b) ...

c)

−	6	2	4	7	9
52	▪	▪	▪	▪	▪
84	▪	▪	▪	▪	▪
46	▪	▪	▪	▪	▪

d)

−	7	8	▪	▪	▪
63	▪	▪	60	▪	▪
97	▪	▪	▪	92	▪
32	▪	▪	▪	▪	23

3 Löse die Aufgaben. Kontrolliere selbst mit Hilfe der Umkehraufgabe.

a) $27 + 5 = $ ▪
$84 + 8 = $ ▪
$43 + 9 = $ ▪
$25 + 7 = $ ▪

b) $58 + 6 = $ ▪
$37 + 8 = $ ▪
$76 + 5 = $ ▪
$49 + 4 = $ ▪

c) $64 − 9 = $ ▪
$42 − 4 = $ ▪
$83 − 6 = $ ▪
$31 − 5 = $ ▪

d) $51 − 8 = $ ▪
$63 − 5 = $ ▪
$91 − 6 = $ ▪
$48 − 9 = $ ▪

Seite 39 Aufgabe 3

a) 2 7 + 5 = 3 2, denn 3 2 − 5 = 2 7

⋮

b) ...

c) 6 4 − 9 = 5 5, denn 5 5 + 9 = 6 4

⋮

d) ...

1 Löse die Aufgaben.
Richtige Ergebnisse findest du in den Sternen.

a) $39 + 4 = \square$

$75 + 7 = \square$

$52 + 9 = \square$

$34 + 8 = \square$

$67 + 4 = \square$

$43 + 8 = \square$

$85 + 6 = \square$

$88 + 4 = \square$

b) $94 - 7 = \square$

$62 - 3 = \square$

$76 - 8 = \square$

$81 - 4 = \square$

$22 - 5 = \square$

$46 - 8 = \square$

$53 - 7 = \square$

$77 - 8 = \square$

Seite 40 Aufgabe 1
a) $39 + 4 = 43$ b) ...
$75 + 7 = ...$

87 43 68 42 51
82 38 71 92
17 91
59
46 61 77 69

2 Finde die Lösung mit Hilfe einer einzigen Rechnung.

a) $64 + 8 - 5 - 8 + 5 + 2 = \square$

b) $92 - 6 - 3 + 6 - 2 + 3 = \square$

c) $39 + 9 - 5 + 4 + 5 - 4 = \square$

d) $73 - 7 + 7 - 6 + 4 - 4 = \square$

Seite 40 Aufgabe 2
a) $64 + 2 = 66$ b) ...

Ich rechne nur
$64 + 2 = 66$.

3 Rechne und bilde selbst solche Aufgabenpaare. Besprich mit einem anderen Kind, warum das Ergebnis immer gleich ist.

a) $45 + 9 = \square$
$49 + 5 = \square$

b) $39 + 3 = \square$
$33 + 9 = \square$

c) $58 + 4 = \square$
$54 + 8 = \square$

d) $\square + \square = \square$
$\square + \square = \square$

e) $\square + \square = \square$
$\square + \square = \square$

f) $\square + \square = \square$
$\square + \square = \square$

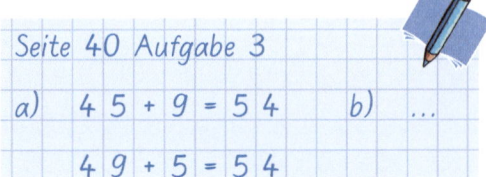

Seite 40 Aufgabe 3
a) $45 + 9 = 54$ b) ...
$49 + 5 = 54$

* lösen Aufgaben unter Nutzung individuell bevorzugter Rechenwege und Rechenstrategien
* erproben geschicktes Vorgehen, beschreiben und begründen ihre Vorgehensweise
* erkennen Strukturen von Aufgabenpaaren und begründen sie

35 + 6 = 41   53 + 6 = 59   63 + 5 = 68
36 + 5 = 41   56 + 3 = 59   65 + 3 = 68

35 − 6 = 29   53 − 6 =
36 − 5 = 31

Rechne auch die Minusaufgaben.

1 Würfle mit drei Würfeln.
Bilde mehrere Aufgaben nach dem vorgegebenen Muster und löse sie.
Jedes hellblaue Kästchen steht für eine gewürfelte Ziffer.

a) ▮▮ + ▮ = ▮   b) ▮▮ − ▮ = ▮   c) ▮ + ▮▮ = ▮

Seite 41 Aufgabe 1
a) ...

2 Welche Ziffern müsstest du würfeln, um …

a) das kleinstmögliche Ergebnis zu erhalten?
▮▮ − ▮ = ▮

Seite 41 Aufgabe 2
a) ...

b) das größtmögliche Ergebnis zu erhalten?
▮▮ + ▮ = ▮

3 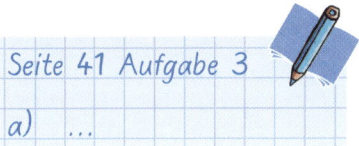 Trage ausgehend vom dargestellten Würfelbild passende Ziffern ein.

a) ▮▮ + ▮ = 51   b) ▮▮ + ▮ = 30

c) ▮▮ − ▮ = 36   d) ▮▮ − ▮ = 19

Seite 41 Aufgabe 3
a) ...

4 Finde Ziffern von Würfelergebnissen und stelle jeweils verschiedene Aufgaben zusammen.

a) ▮▮ + ▮ = 37   b) ▮▮ + ▮ = 52

c) ▮▮ − ▮ = 48   d) ▮▮ − ▮ = 21

Seite 41 Aufgabe 4
a) ...

★ bilden mit Würfelergebnissen Plusaufgaben nach jeweils vorgegebener Struktur

Zahlenmauern bauen (1)

1 Zeichne die Mauern in dein Heft. Setze dort die Zahlen passend ein.
Es bleibt keine Zahl übrig.

a)

16	7	18
8	23	26

b)

56	68	76
63	8	7

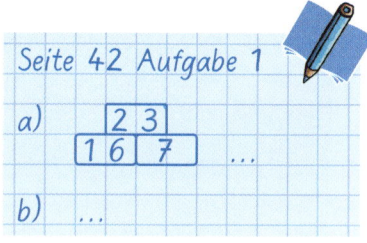

Seite 42 Aufgabe 1

a)

	2	3
1	6	7	...

b) ...

2 Zeichne die Mauern in dein Heft. Setze dort die Zahlen passend ein.
Es bleibt keine Zahl übrig.

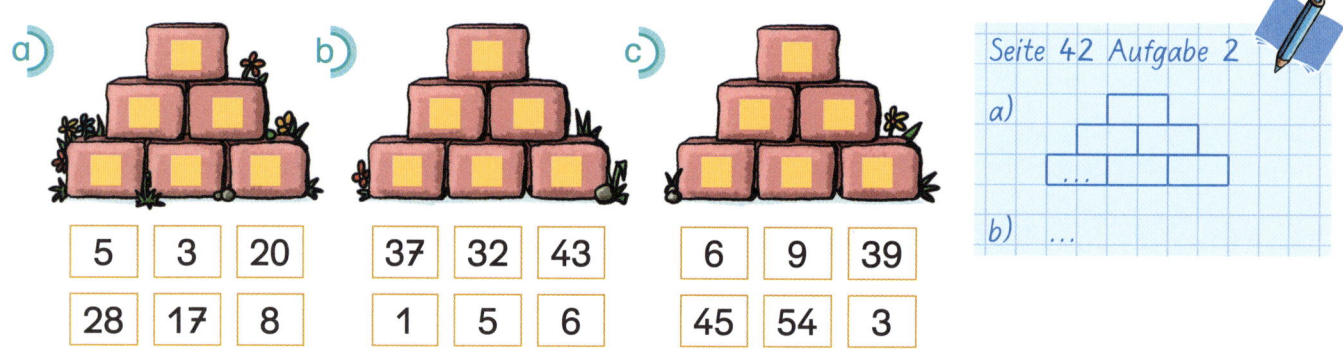

a)

5	3	20
28	17	8

b)

37	32	43
1	5	6

c)

6	9	39
45	54	3

Seite 42 Aufgabe 2

a)

b) ...

3 Zeichne die Zahlenmauer in dein Heft. Setze passende Zahlen ein.
Einige Zahlen bleiben übrig.

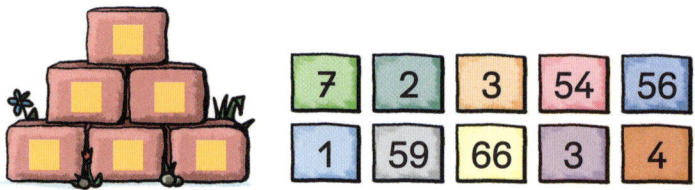

7	2	3	54	56
1	59	66	3	4

Seite 42 Aufgabe 3

4 Baue eine eigene Zahlenmauer. Bestimme, wie viele Steine sie haben soll.
Zeichne sie in dein Heft. Setze passende Zahlen ein.
Stelle deine Zahlenmauer einem anderen Kind vor.

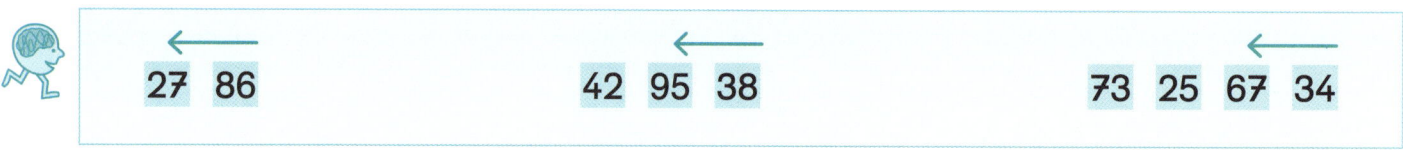

27 86   42 95 38   73 25 67 34

★ erkennen und nutzen die Struktur von Zahlenmauern
★ nutzen Rechenstrategien im Zahlenraum bis 100

Zahlenmauern bauen (2)

1 Zeichne Tims und Leas Zahlenmauern in dein Heft. Besprich deine Entdeckungen mit einem anderen Kind.

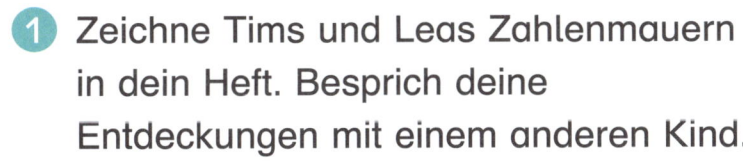

2 Baue solche Zahlenmauern: Verwende die Zahlen **1 2 3 4** .

Baue die Zahlenmauern so, dass

a) die Zahl im Zielstein möglichst groß ist.

b) die Zahl im Zielstein möglichst klein ist.

c) die Zahl im Zielstein genau 36 ist.

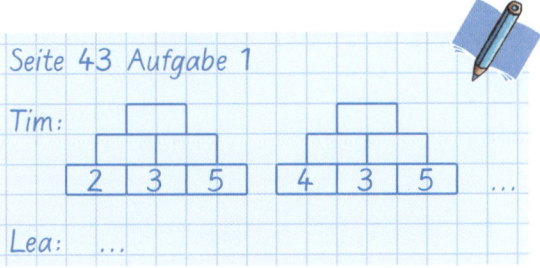

3 Zeichne die Zahlenmauern von Tim und Lea.

Im Zielstein die 80 – drei gleiche Basissteine

In den Basissteinen nur Zehnerzahlen – im Zielstein 90

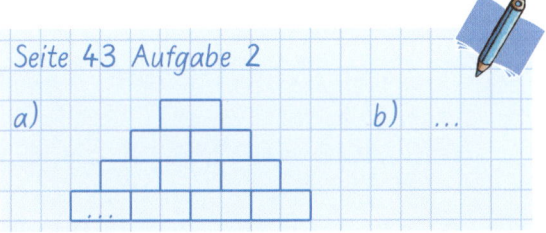

★ erkennen und nutzen die Struktur von Zahlenmauern
★ probieren zunehmend systematisch
★ stellen Vermutungen über Zusammenhänge an und begründen diese

43

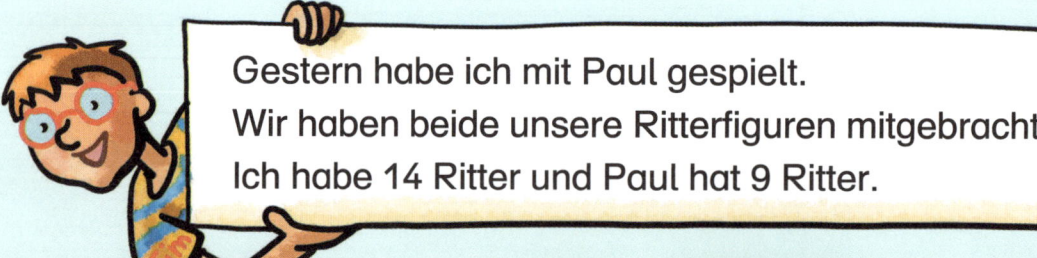

Gestern habe ich mit Paul gespielt.
Wir haben beide unsere Ritterfiguren mitgebracht.
Ich habe 14 Ritter und Paul hat 9 Ritter.

Sofie ist gestern 5 Runden auf dem Sport-
platz gelaufen. Ich bin mit ihr zusammen
gelaufen und dann noch 2 Runden alleine.

Ich war beim Fußball-Training.
Wir haben in 4 Gruppen Übungen gemacht.
In jeder Gruppe waren 2 Spieler und 1 Torwart.

1 Ordne die Fragen den Rechengeschichten von Tim, Meral und Janek zu.

A: Wie viele Runden ist Meral gelaufen?

B: Wie viele Ritter hat Paul?

C: Wie viele Kinder waren beim Fußball-Training?

D: Wie viele Kinder waren in einer Gruppe?

E: Wie viele Ritter haben Tim und Paul zusammen?

F: Wie viele Runden ist Sofie weniger gelaufen als Meral?

G: Wie viele Ritter hat Tim mehr als Paul?

H: Wie viele Torwarte waren es?

Seite 44 Aufgabe 1

Tim: E, …

Meral: A, …

Janek: …

2 Schreibe zu jeder Rechengeschichte
eine eigene Frage.

Seite 44 Aufgabe 2

Tim: …

Meral: …

Janek: …

★ entnehmen kurzen Texten relevante Informationen
★ formulieren zu vorgegebenen Texten (Rechengeschichten) eigene mathematische Fragen

Max hat 17 Monsterkarten.
Tobi hat nur 9 Monsterkarten.

Lena hat 20 Pferdefiguren.
Sie hat 10 mehr als Maja.

Paul hat 6 Tiersticker mehr als Sofie.
Sofie hat 19 Tiersticker.

1 Ordne die Fragen den Rechengeschichten zu.
Schreibe die Ergebniszahlen auf.

a) A: Wie viele Monsterkarten hat Max?

B: Wie viele Pferdefiguren hat Lena?

C: Wie viele Tiersticker hat Sofie?

D: Wie viele Monsterkarten hat Tobi?

E: Wie viele Tiersticker hat Paul mehr als Sofie?

Seite 45 Aufgabe 1
a)   A → grau, 1 7   b) ...
*   B → grün, 2 0*
*   ⋮*

b) F: Wie viele Monsterkarten haben Max und Tobi zusammen?

G: Wie viele Tiersticker hat Paul?

H: Wie viele Pferdefiguren hat Maja?

I: Wie viele Pferdefiguren haben Maja und Lena zusammen?

K: Wie viele Tiersticker hat Sofie weniger als Paul?

c) L: Wie viele Monsterkarten muss Max Tobi schenken,
damit sie gleich viele haben?

M: Wie viele Tiersticker muss Paul Sofie schenken,
damit sie gleich viele haben?

N: Wie viele Pferdefiguren muss Lena Maja schenken,
damit sie gleich viele haben?

←
13 74

←
35 68 92

←
84 36 42 95

Fragen und Antworten finden

1 Ordne die Fragen
und Antworten passend zu.

Seite 46 Aufgabe 1

F 1 / A 3, ...

F1 Wie viele Kinder stehen am Sprungbrett?

F2 Wie spät ist es?

F3 Wie viele Kinder sitzen auf der Bank?

F4 Wie viele Vogelbilder sind am Fenster?

A1 Auf der Bank sitzen 7 Kinder.

A2 Am Fenster sind 5 Vogelbilder.

A3 Am Sprungbrett stehen 3 Kinder.

A4 Es ist 10 Uhr.

2 Schreibe Antworten zu den Fragen.

a) Wie viele Handtücher liegen auf der Bank?

b) Wie viele Kinder sind im Schwimmbecken?

c) Wie viele Kinder sitzen am Beckenrand?

Seite 46 Aufgabe 2

a) Auf der Bank ...

b) ...

3 Schreibe Fragen zu den Antworten.

a) Drei Kinder haben einen Schwimmring.

b) Zu der Schulklasse gehören 24 Kinder.

c) Drei Kinder tragen eine Bademütze.

Seite 46 Aufgabe 3

a) Wie viele Kinder ...

b) ...

→ AH Seite 22

* formulieren zu einer Bildsachaufgabe mathematische Fragen
und Antworten oder ordnen diese einander passend zu

Die passende Antwort finden

1 Wähle die zur Frage passende Antwort aus.

a) An der Bushaltestelle stehen 23 Kinder.
7 davon steigen in den ersten Bus ein.

F: Wie viele Kinder stehen dann noch da?

R: 23 − 7 = 16

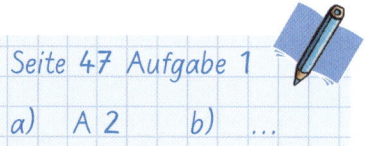

A1 | An der Bushaltestelle steigen 7 Kinder ein.

A2 | Es stehen noch 16 Kinder an der Bushaltestelle.

A3 | Im Bus sitzen jetzt 23 Kinder.

b) Lea und Anne sammeln Schneckenhäuser.
Lea hat 23 Schneckenhäuser, Anne hat 5 mehr als Lea.

F: Wie viele Schneckenhäuser hat Anne?

R: 23 + 5 = 28

A1 | Lea hat 23 Schneckenhäuser.

A2 | Zusammen haben sie 28 Schneckenhäuser.

A3 | Anne hat 28 Schneckenhäuser.

2 Schreibe eine passende Antwort zur Frage.

a) Im Bus sitzen 24 Kinder.
6 davon steigen an der Haltestelle aus.

F: Wie viele Kinder sitzen dann noch im Bus?

R: 24 − 6 = 18

b) Max und Tim sammeln Sticker.
Max hat 32 Sticker, Tim hat 6 mehr als Max.

F: Wie viele Sticker hat Tim?

R: 32 + 6 = 38

→ Ü Seite 21

★ wählen zu einfachen Sachaufgaben, Fragen und Rechnungen
passende Antwortsätze aus oder formulieren diese

Rechengeschichte, Frage, Rechnung und Antwort zuordnen

1 Ordne jeder Rechengeschichte die passende Frage, Rechnung und Antwort zu.

Seite 48 Aufgabe 1

G 1 / F 3 / R 2 / A 4
...

Rechengeschichten (G):

G1 Beim Dosenwerfen stehen 15 Dosen übereinander. Tim hat 7 getroffen.

G2 Beim Sackhüpfen warten 7 Kinder, bis sie an der Reihe sind. Nun kommen noch 5 Kinder dazu.

G3 Von 52 Losen wurden erst 7 Lose verkauft.

G4 Am Ende des Spieletags sollen 33 Luftballons losfliegen. 9 sind schon mit Gas gefüllt.

Fragen (F):

F1 Wie viele Luftballons müssen noch mit Gas gefüllt werden?

F2 Wie viele Kinder stehen nun beim Sackhüpfen an?

F3 Wie viele Dosen stehen noch?

F4 Wie viele Lose sind noch übrig?

Rechnungen (R):

R1 $52 - 7 = 45$ **R2** $15 - 7 = 8$ **R3** $33 - 9 = 24$ **R4** $7 + 5 = 12$

Antworten (A):

A1 Nun stehen 12 Kinder beim Sackhüpfen an.

A2 Es müssen noch 24 Luftballons mit Gas gefüllt werden.

A3 45 Lose sind noch übrig.

A4 8 Dosen stehen noch.

★ entnehmen kleinen Texten relevante Informationen
★ erkennen mathematische Zusammenhänge in einfachen Sachaufgaben

Rechengeschichten, Fragen, Rechnungen und Antworten finden

1 Finde zu jeder Rechengeschichte eine Frage,
die Rechnung und die Antwort.

a) Tim ist 8 Jahre alt.
Seine Mutter ist 33 Jahre alt.

b) Tom hat 27 Fußballbilder.
Paul schenkt ihm noch
5 Fußballbilder.

c) Lena hat eine Perlenkette mit 63 Perlen.
Leider ist sie gerissen.
6 Perlen sind verloren gegangen.

```
Seite 49 Aufgabe 1
a)    F:  Wie viele Jahre älter
            ist die Mutter?
      R: ...
      A: ...
b)  ...
```

2 Schreibe zu jeder Rechnung eine Rechengeschichte und eine Frage.

a) 25 + 7 = 32   b) 53 − 6 = 47

```
Seite 49 Aufgabe 2
a)    G: ...
      F: ...
b)  ...
```

3 Schreibe zu jeder Antwort eine Rechengeschichte und eine Frage.

a) Jetzt hat sie 32 Tierpostkarten.

b) 5 Kinder sind ausgestiegen.

c) Ich muss noch 47 Seiten lesen.

```
Seite 49 Aufgabe 3
a)    G: ...
      F: ...
b)  ...
```

4 Schreibe zu jeder Frage eine Rechengeschichte.

a) Wie viele hat Lisa mehr als Anne?

b) Wie viele braucht Tim noch?

c) Wie alt ist der Vater?

```
Seite 49 Aufgabe 4
a)    G: ...
b)  ...
```

★ formulieren zu einfachen Sachaufgaben je eine mathematische Frage, die Rechnung und die Antwort
★ formulieren zu Gleichungen, zu Fragestellungen oder zu vorgegebenen Antworten Rechengeschichten

Monate und Jahreszeiten kennenlernen

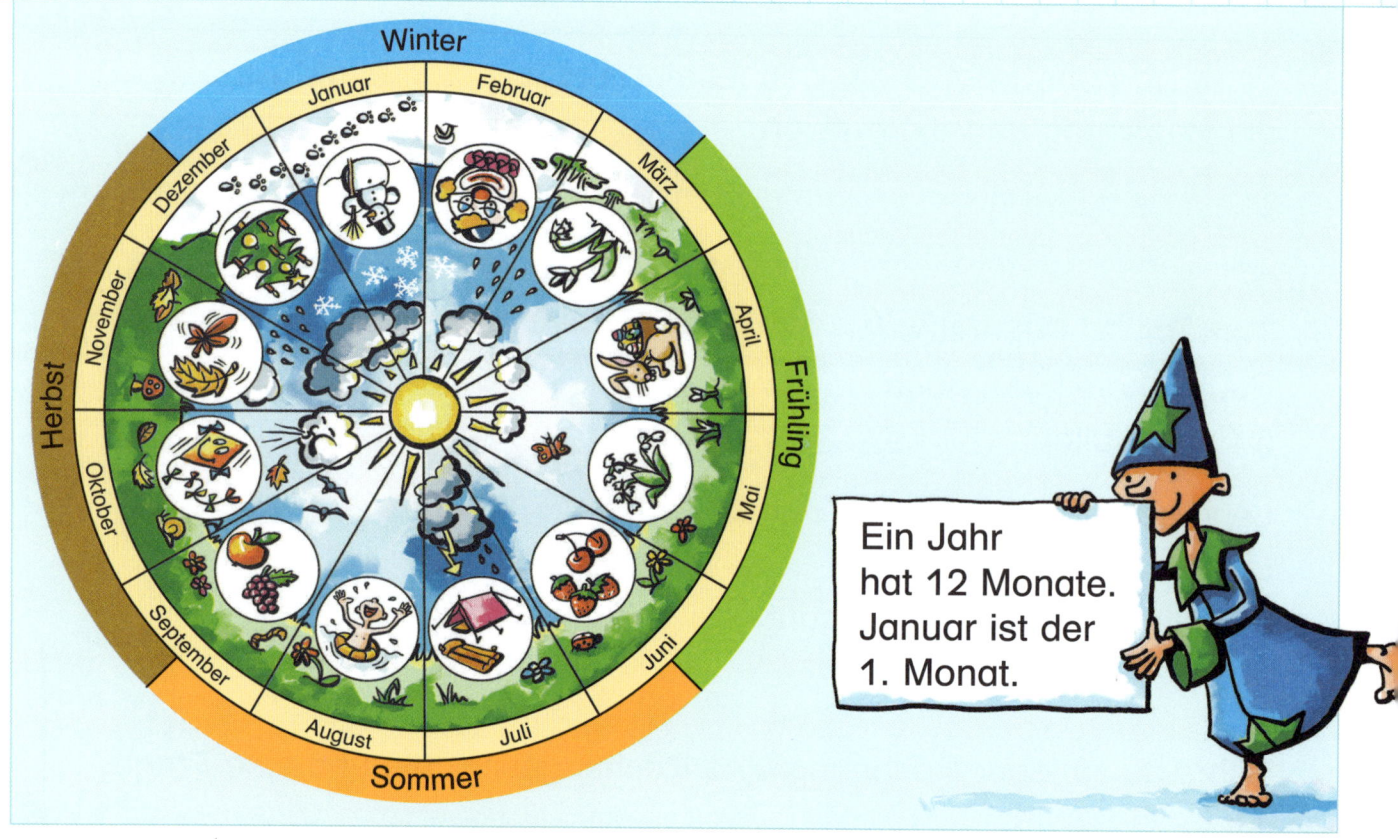

Ein Jahr hat 12 Monate. Januar ist der 1. Monat.

1 Lies die richtige Reihenfolge der Monate am Jahreskreis ab und schreibe sie auf.

Seite 50 Aufgabe 1

1. Monat: Januar

2. Monat: Februar

⋮

2 Welche Monate gehören vollständig zu den Jahreszeiten Frühling, Sommer, Herbst und Winter? Schreibe auch die Monate dazu, die zu zwei Jahreszeiten gehören.

Seite 50 Aufgabe 2

Frühling: April, …

Sommer: …

⋮

3 Nenne einen Monat. Ein anderes Kind nennt die Nachbarmonate.

Nachbarmonate sind Februar und April.

März

★ verwenden die Zeitspannen „Monat" und „Jahreszeit" und setzen sie zueinander in Beziehung
★ verwenden die Monate in ihrer richtigen Reihenfolge und ordnen sie den Jahreszeiten zu

Die unterschiedliche Dauer der Monate feststellen

Die Monate haben 30, 31 oder 28 Tage. Mit deinen beiden Fäusten kannst du dir merken, wie viele Tage die Monate haben:
Berg – 31 Tage, Tal – 30 Tage (Ausnahme: Februar).

1 Suche dir ein anderes Kind.
Stellt euch abwechselnd die Fragen und beantwortet sie.

a) Wie heißen alle Monate mit 30 Tagen?

b) Wie heißen alle Monate mit 31 Tagen?

c) Wie viele Tage hat der Februar?

d) Wie heißen die Jahre, in denen der Februar 29 Tage hat?

2 Nenne einen Monat.
Ein anderes Kind
nennt die Anzahl
der Tage.

★ übertragen eine Darstellung in eine andere
★ erkennen und erklären Beziehungen und Gesetzmäßigkeiten der Monatsstrukturen anhand eines Anschauungsmodells

51

Das Datum aufschreiben

Januar		Februar		März		April		Mai		Juni	
(1. Monat)		(2. Monat)		(3. Monat)		(4. Monat)		(5. Monat)		(6. Monat)	
Mo	03 10 17 24 31	Mo	07 14 21 28	Mo	07 14 21 28	Mo	04 11 18 25	Mo	02 09 16 23 30	Mo	06 13 20 27
Di	04 11 18 25	Di	01 08 15 22	Di	01 08 15 22 29	Di	05 12 19 26	Di	03 10 17 24 31	Di	07 14 21 28
Mi	05 12 19 26	Mi	02 09 16 23	Mi	02 09 16 23 30	Mi	06 13 20 27	Mi	04 11 18 25	Mi	01 08 15 22 29
Do	06 13 20 27	Do	03 10 17 24	Do	03 10 17 24 31	Do	07 14 21 28	Do	05 12 19 26	Do	02 09 16 23 30
Fr	07 14 21 28	Fr	04 11 18 25	Fr	04 11 18 25	Fr	01 08 15 22 29	Fr	06 13 20 27	Fr	03 10 17 24
Sa	01 08 15 22 29	Sa	05 12 19 26	Sa	05 12 19 26	Sa	02 09 16 23 30	Sa	07 14 21 28	Sa	04 11 18 25
So	02 09 16 23 30	So	06 13 20 27	So	06 13 20 27	So	03 10 17 24	So	01 08 15 22 29	So	05 12 19 26

Juli		August		September		Oktober		November		Dezember	
(7. Monat)		(8. Monat)		(9. Monat)		(10. Monat)		(11. Monat)		(12. Monat)	
Mo	04 11 18 25	Mo	01 08 15 22 29	Mo	05 12 19 26	Mo	03 10 17 24 31	Mo	07 14 21 28	Mo	05 12 19 26
Di	05 12 19 26	Di	02 09 16 23 30	Di	06 13 20 27	Di	04 11 18 25	Di	01 08 15 22 29	Di	06 13 20 27
Mi	06 13 20 27	Mi	03 10 17 24 31	Mi	07 14 21 28	Mi	05 12 19 26	Mi	02 09 16 23 30	Mi	07 14 21 28
Do	07 14 21 28	Do	04 11 18 25	Do	01 08 15 22 29	Do	06 13 20 27	Do	03 10 17 24	Do	01 08 15 22 29
Fr	01 08 15 22 29	Fr	05 12 19 26	Fr	02 09 16 23 30	Fr	07 14 21 28	Fr	04 11 18 25	Fr	02 09 16 23 30
Sa	02 09 16 23 30	Sa	06 13 20 27	Sa	03 10 17 24	Sa	01 08 15 22 29	Sa	05 12 19 26	Sa	03 10 17 24 31
So	03 10 17 24 31	So	07 14 21 28	So	04 11 18 25	So	02 09 16 23 30	So	06 13 20 27	So	04 11 18 25

1 Schreibe das Datum mit Zahlen auf.

12. Januar: 12.1. (Januar ist der 1. Monat.)

a) 26. Januar: …   b) 13. November: …
15. März: …   18. Februar: …
10. Oktober: …   17. Mai: …
20. Juli: …   12. Juni: …
15. September: …   18. Dezember: …
28. August: …   25. April: …

Seite 52 Aufgabe 1
a) 2 6. Januar: 2 6.1.   b) …
     1 5. März: …
     ⋮

2 Schreibe den Monatsnamen als Wort.

17.5.: 17. Mai (Der 5. Monat ist Mai.)

a) 8.1.: …   b) 9.12.: …   c) 14.2.: …
6.7.: …   18. 9.: …   20.5.: …
13.4.: …   21.11.: …   16.8.: …
15.3.: …   23.10.: …   10.6.: …

Seite 52 Aufgabe 2
a) 8.1.: 8. Januar   b) …
     ⋮

3 Betrachte verschiedene Kalender für dieses Jahr.
Suche das Datum für folgende Tage.

a) Muttertag   b) Heiliger Abend   c) 1. Advent
d) Rosenmontag   e) Ostersonntag   f) Nikolaustag

Seite 52 Aufgabe 3
a) Muttertag: …   b) …

36 72   ←   81 26 95   ←   52 79 48 64   ←

★ stellen Datumsangaben in unterschiedlichen Schreibweisen dar
★ übertragen eine Schreibweise in eine andere

Mit Wochentagen, Monaten und dem Datum umgehen

1 Ein Jahr hat 12 Monate.
Schreibe die Monatsnamen in der richtigen Reihenfolge auf.

> Januar August Oktober Mai
> September April Dezember Juli
> März November Juni Februar

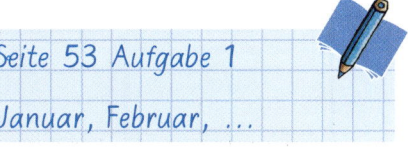

Seite 53 Aufgabe 1
Januar, Februar, ...

2 Eine Woche hat 7 Tage.
Schreibe die Wochentage in der richtigen Reihenfolge auf.

> Montag Samstag Mittwoch Freitag
> Donnerstag Sonntag Dienstag

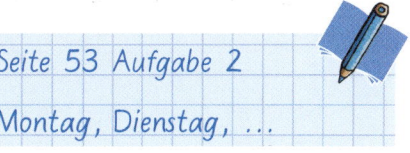

Seite 53 Aufgabe 2
Montag, Dienstag, ...

3 Suche gemeinsam mit einem anderen Kind im Kalender den passenden Wochentag. Stellt euch selbst noch weitere solcher Aufgaben.

a) 22. Januar: …   b) 10. Februar: …   c) 21. März: …

d) 7. November: …   e) 13.4.: …   f) 13.5.: …

g) 3.8.: …   h) 23.2.: …   i) 27.11.: …

4 Vervollständigt die Sätze. Suche dir ein anderes Kind.
Nenne den Satzanfang und das andere Kind ergänzt ihn richtig.

Beispiel: Heute ist …   … Montag, der 28. November.

a) Heute ist …   b) Morgen ist …   c) Gestern war …

d) Übermorgen ist …   e) Vorgestern war …   f) In 3 Wochen ist …

g) In 4 Tagen ist …   h) In 6 Tagen ist …   i) In einer Woche ist …

Mit dem Kalender umgehen

1 Ordne die Datumsangaben in ihrer Reihenfolge im Jahreslauf.
Übertrage dabei die Datumsangabe in die andere Schreibweise.

a)

| **18.** Mai | **8.** März | **28.** November | **6.** Juli |
| **6.** Dezember | **10.** Juni | **12.** September | |

Seite 54 Aufgabe 1

a) 8.3., ...

b) 2 1. Januar, ...

b)

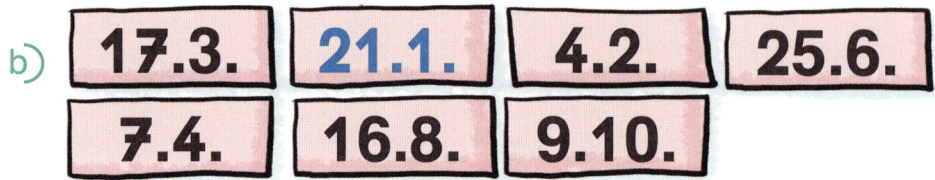

| **17.3.** | **21.1.** | **4.2.** | **25.6.** |
| **7.4.** | **16.8.** | **9.10.** | |

2 Suche die Tage im Kalender und schreibe das Datum auf.

a)
- Karfreitag
- Muttertag
- Sommeranfang
- Neujahr
- 4. Advent
- Pfingstmontag
- Winteranfang

b)
- erster Samstag im Mai
- zweiter Dienstag im März
- dritter Montag im April
- erster Sonntag im Dezember
- erster Mittwoch im Januar
- vierter Freitag im August
- zweiter Donnerstag im Juni

Seite 54 Aufgabe 2

a) ...

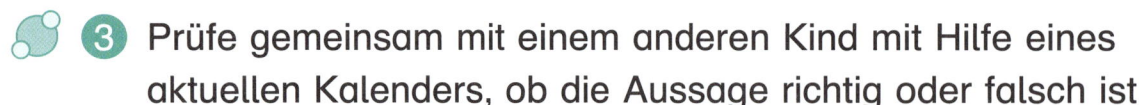

3 Prüfe gemeinsam mit einem anderen Kind mit Hilfe eines
aktuellen Kalenders, ob die Aussage richtig oder falsch ist.

a) Ostern ist am Sonntag und Montag.   b) Der Mai hat 5 Samstage.

c) Der September hat 4 Montage.   d) Der 8. Oktober ist ein Montag.

e) Der 25. Dezember ist ein Feiertag.

f) Der erste Tag im Oktober ist ein Montag.

g) Der März hat genauso viele Tage wie der Mai.

★ stellen Datumsangaben in unterschiedlichen Schreibweisen dar
★ übertragen eine Schreibweise oder Datumsangabe in eine andere

Mit Monaten, Wochen und Tagen rechnen

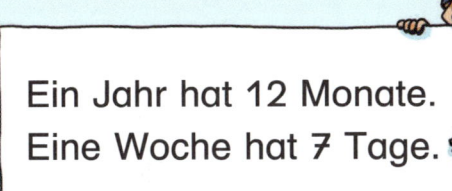

Ein Jahr hat 12 Monate.
Eine Woche hat 7 Tage.

1 Übertrage die Zeitangaben in Monate.

a) **1 Jahr**
1 Jahr 4 Monate
1 Jahr 6 Monate
1 Jahr 8 Monate

b) **2 Jahre**
2 Jahre 3 Monate
2 Jahre 9 Monate
2 Jahre 7 Monate

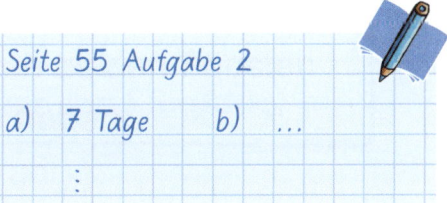

Seite 55 Aufgabe 1
a) 12 Monate   b) ...
⋮

2 Übertrage die Zeitangaben in Tage.

a) **1 Woche**
2 Wochen
3 Wochen
4 Wochen

b) **1 Woche 2 Tage**
1 Woche 5 Tage
2 Wochen 6 Tage
3 Wochen 4 Tage

Seite 55 Aufgabe 2
a) 7 Tage   b) ...
⋮

3 Übertrage die Zeitangaben in Wochen und Tage
oder in Jahre und Monate.

a) **13 Tage**
15 Tage
8 Tage
12 Tage

b) **14 Monate**
27 Monate
18 Monate
20 Monate

Seite 55 Aufgabe 3
a) 1 Woche 6 Tage   b) ...
⋮

4 Schreibe die Zeitangabe auf, die am längsten dauert.

a) **2 Wochen, 15 Tage, 1 Woche 6 Tage**

b) 22 Tage, 3 Wochen, 2 Wochen 5 Tage

c) 1 Jahr, 1 Jahr 5 Monate, 18 Monate

d) 20 Monate, 2 Jahre, 1 Jahr 11 Monate

Seite 55 Aufgabe 4
a) 15 Tage   b) ...

→ AH Seite 24

✶ wandeln Größenangaben in unterschiedliche Einheiten um
✶ rechnen mit Größen beim Umwandeln in andere Zeiteinheiten

Mit dem Kalender rechnen

1 Schreibe zu den Rechengeschichten die Antworten in dein Heft.

a)
> Lenas kleiner Bruder ist 1 Jahr und 8 Monate alt. Tims Bruder ist 19 Monate alt.

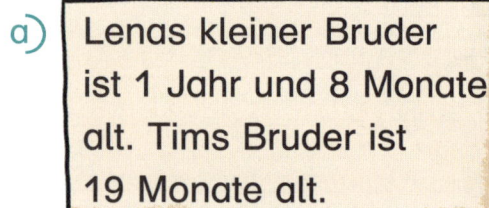  

F: Wer ist älter?

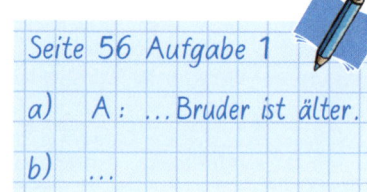
Seite 56 Aufgabe 1
a) A: ...Bruder ist älter.
b) ...

b)
> Lisa erzählt: „Ich bin 2 Wochen und 4 Tage im Urlaub. In der Hälfte dieses Urlaubs ist meine Freundin Maja dabei."

F: Wie viele Tage sind Lisa und Maja im Urlaub zusammen?

c)
> Lena fuhr am 19. April zu ihrer Oma. Am 23. April kam sie wieder nach Hause.

F: Wie oft hat Lena bei ihrer Oma übernachtet?

2 Schreibe die Sätze mit den richtigen Ergänzungen in dein Heft.

> Heute ist Dienstag. Patrick geht in zwei Tagen zum Sportfest. Seit einer Woche hat Julia eine Maus. Vor vier Tagen war Lea im Kino.

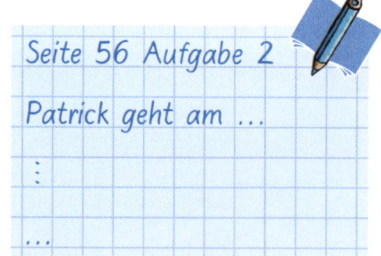
Seite 56 Aufgabe 2
Patrick geht am ...
⋮
...

Setze die richtigen Wochentage ein.

> Patrick geht am ... zum Sportfest.

> Julia hat am ... die Maus bekommen.

> Lea war am ... im Kino.

3 Schreibe die Sätze aus Aufgabe **2** auf den heutigen Tag bezogen auf. Finde die richtigen Wochentage.

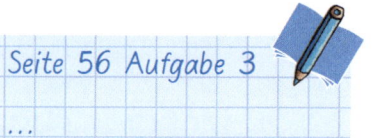
Seite 56 Aufgabe 3
...

* rechnen mit Größen beim Umwandeln in eine andere Zeiteinheit